おうちパン屋さん
開店！

焼くまで**5分**の
米粉パン

Rice Flour Bread

AYA
［著］

JN212009

エムディエヌコーポレーション

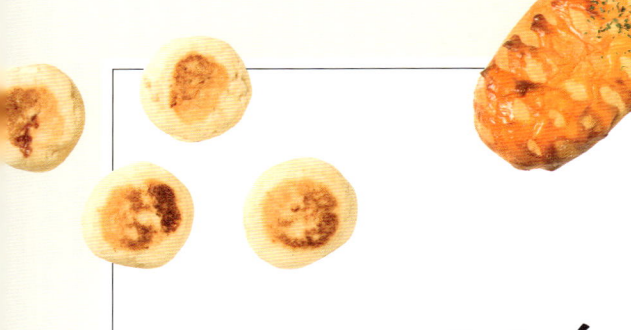

おうちパン屋さん、開店します！

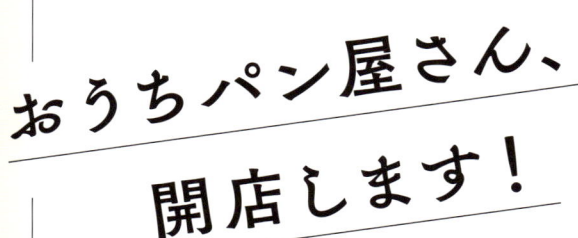

米粉パン屋さんへようこそ！
本書では、ふわふわもちもちの美味しい米粉パンが
誰でも簡単に作れちゃう魔法のようなレシピを紹介していきます。
"パン作り"と聞くと、生地をこねたり、発酵させたり休ませたりと
作業工程が多くて大変なイメージありますよね……。
でも本書で紹介する米粉パンは、
ほぼ3STEPで作れてしまう手軽さなので、
まるでパン屋さんみたいにいろいろな種類の
パン作りが楽しめるレシピばかり。
ぜひトライしてみてください♪

米粉パンが
失敗しない理由 **1**

発酵なしで すぐ作れる!

▶ ベーキングパウダーを使うから!

米粉パンが
失敗しない理由 **2**

たった3STEP!

材料を混ぜて 成形して 焼くだけ

▶ 失敗しようがない!

そして…

グルテンフリーで腸活にも◎
ダイエットにもおすすめ!

さあ、おうちパン屋さんを
始めてみましょう

 # はじめに

はじめましての方も、いつも温かく見守ってくださる皆様も、
こんにちは、AYAです。
数多くの本の中から、この本を手に取っていただき、ありがとうございます！
ご紹介する"米粉パン"は皆様のパン作りのイメージを、
いい意味で裏切る驚きの簡単さなんです。

★パン作りはハードルが高いと思って諦めていた方
★挑戦してみたものの上手くできなくてパン作りから距離をおいていた方

ぜひ一度、本書のレシピで試してみてください！

全て発酵要らずで、基本的な工程は、

「混ぜる ▶ 成形する ▶ 焼く」

基本はたったこれだけなんです！

ですので、ポイントさえ押さえれば、
パン作り初心者の方でも簡単に作ることができます。
忙しい朝でも作れてしまうほど手軽なので
焼きたてのパンの香りに包まれる朝の食卓も叶っちゃいます♪

Instagramでも大好評の米粉ブレッドシリーズは、

『こんなに簡単に作れるなんて魔法みたい』
『はじめてこんなに上手にパンを作ることができた』
『簡単に作れたのに美味しすぎて感動した』

といったお声をたくさんいただいております。

皆様が日々温かい言葉をかけて、応援してくださるおかげで、
今回このようなレシピ本を作るチャンスをいただけたと思っています。

本書には、Instagram未公開レシピもたくさん載せているので、
様々なレシピをお試しいただき、お気に入りを見つけてください♪

"米粉をもっと身近に、パン作りをもっと楽しく"
"お米に寄り添ったパン生活"を
楽しんでいただけたら幸いです。

AYA

米粉パンの魅力

「米粉パン作りにハマったら抜け出せなくなる!?」
そのくらい米粉パンには魅力があると思っています。

米粉ならではのもちもち食感と、噛めば噛むほどに広がる
お米の優しい風味や甘さを楽しめるのはもちろん、
米粉には栄養面でも魅力があります!

私自身、日々の食事に米粉を取り入れるようになってから
グルテン控えめの食生活を送るようになりました。

ただ、外食のときは気にせずになんでも食べますし、
調味料などは市販のものも使うので
完全にグルテンフリーの生活を
しているわけではありません。
それでも、便秘や肌荒れなどのトラブルは、
ほとんどなくなりました。
古くからお米を主食としてきた日本人の腸には、
米粉がとっても相性が良いのだと感じています。

米粉は炭水化物のほか、食物繊維やタンパク質、
脂質、ビタミン、ミネラルなどの栄養素が
バランスよく含まれています。
それでいて消化吸収がゆるやかで腹持ちもよく、
間食や食べ過ぎを防ぐ効果も期待できます。

無理なく自然と食べる量を
コントロールできるようになるので
ヘルシー志向の方や、
美容に良い食生活を送りたい方にもおすすめです!

こんなときに大活躍!

scene 1 朝ごはんに

パンの焼ける香りで満たされるダイニング……米粉パンならそんな夢も叶っちゃいます!そしてご飯がないときにも、すぐ焼けるので緊急時の朝ごはんにもぴったり♪朝からパンを焼くなんて、なんだか少し丁寧な暮らしをしているみたいで毎日が楽しくなりそう♪

scene 2 手土産に

いきなりお友達のおうちへお呼ばれしちゃった……そんなときにも! 身支度する前に焼いてしまえば、素敵な手土産がすぐにできちゃいます!
おまけでジャムや手作り簡単クリームなんかもつけちゃうと、もう完璧です♪

scene 3 ランチに

もちろんランチにもぴったり!
プレーンなブレッドを焼いて、好きな野菜や具材を乗せたオープンサンドにしてみたり、お惣菜パンでパン屋さん気分を楽しむのも♪

scene 4 おやつに

小腹が空いたときや、お子さんのおやつにもぴったり♪
グルテンフリーなので、ダイエット中や腸活にも良いし、簡単なのでお子さんと一緒に作っても楽しいです♪

scene 5 トレーニングの後に

トレーニング後の30分は、筋肉のゴールデンタイム! 米粉パンは、原料がお米なので栄養チャージにもってこい◎プロテインやおにぎりに飽きたら米粉パンを!

米粉パンの活躍シーンはたくさん

米粉パンの取扱説明書

生地作り

1 米粉の種類に注意する

米粉パンを成功させるのにもっとも重要なのが米粉の種類なんです。メーカーや商品によって吸水率やアミロース含有量が異なります。本書のレシピは全てエビの天ぷらが目印の「波里のお米の粉」を使用しています。適度に吸水するため成形もしやすく、スーパーでも取り扱いが多い米粉です。他の米粉を使ってレシピ通りに作ると、生地がゆるい、まとまらない、焼き上がりがべちゃっとしているなど、失敗の原因になる場合があるので、米粉パンをはじめて作る方は本書と同じ米粉を使うことが成功の秘訣です。

2 オオバコ（サイリウム）は必須

聞き慣れない方には何やら怪しげな名前ですが、オオバコ（サイリウム）とはオオバコ科の植物の種子の皮を粉末にしたもので、植物由来100％の食材です。保水性や膨張性に優れており、水分を加えると膨れてゼリー状になります。オオバコ（サイリウム）は、成形米粉パンには欠かせません。スーパーでは取り扱いが少ないので、ドラッグストアのダイエット食品コーナーやネットでの購入がおすすめです！必ずオオバコ100％のものを選ぶようにしてください。

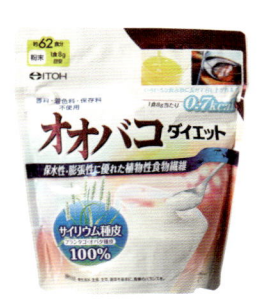

3 ベーキングパウダーの賞味期限切れに注意

ベーキングパウダーは賞味期限が切れているものや、賞味期限内であっても開封してから日にちが経っていると、うまく膨らまない原因になるので注意しましょう。

4 ラカントを使用するときはブレンドがおすすめ

カロリーカットにラカントを使用する場合は、てんさい糖などの砂糖とブレンドするのがおすすめ♪

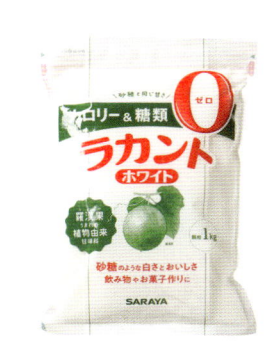

5 生地に加えるバターは柔らかくしすぎない

生地に少量だけ加えるバターは柔らかくしすぎると、成形しにくくなるため気をつけてください。指で強く押すと凹むくらいがベストです。冷えたままのバターを角切りにして生地に加え、手から伝わる体温で柔らかくしながら練り込んでもOKです。

6 生地を手で混ぜるときは料理用手袋を使う

レシピによって生地のかたさは異なります。柔らかめの生地は、ゴムベラやスプーンの背を使って混ぜましょう。まとまりがあり、扱いやすい生地は料理用手袋を使って混ぜましょう。特に豆腐を使う生地は弾力もあるので、料理用手袋をつけてから手でしっかりと混ぜましょう。

7 生地がまとまらないときは 5分待つ

材料を全て混ぜ合わせても生地がまとまらないときはそのまま5分置きましょう。オオバコ(サイリウム)が水分を吸って生地がまとまりやすくなります。

さらに混ぜると、なめらかなひとかたまりになります

とろとろした生地

オオバコを混ぜると、どんどん水分を吸ってとろみのある状態に

成形

1 米粉パンの成形に 大切なのは"水"

焼き上がりを綺麗に仕上げるために重要なのが水。最後に手に水をつけてなでるようにしながら生地の表面の凸凹をなくし、つるつるにした状態で焼きます。成形するときも手に水をつけてから、コロコロ丸めると手に生地がくっつきにくいです。

焼成

1 焼き時間は目安とする

オーブンは必ず予熱完了してから焼いてください。ご家庭のオーブンによって温度設定や、焼き時間は変わるので、本書の焼き時間は目安とし、適宜調整をお願いします。

保存

1 必ずラップに包む

米粉は乾燥に弱いため、すぐに食べない場合は粗熱が取れたら必ずラップに包んでください。食べるときにラップに包んだまま軽く電子レンジで温めると、ふわふわもちもち食感が復活します。

米粉パンは、
失敗知らずの簡単パンですが、
上記のことに注意して作れば、
さらに失敗はゼロに近づきます！
もし、うまくいかないな……ってときには、
このページを見返してもらえたら嬉しいです。

吸水率がよく成形もしやすく、スーパーでも手に入りやすいので、本書では、エビの天ぷらが目印の「波里のお米の粉」一択で作っています。

米粉パンの成形に欠かせないオオバコ。クセが少なく生地と混ざりやすいので、「井藤漢方製薬のオオバコダイエット」を使用しています。ネットで調べるといろんな種類があるので他のオオバコでも大丈夫ですが、オオバコ100%のものを選ぶようにしましょう。

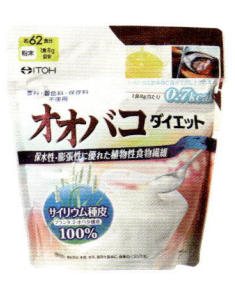

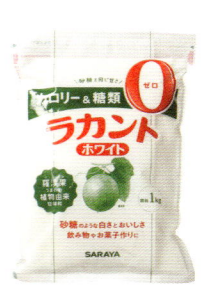

砂糖はラカントに替えて作っても良いですが、ラカントだけだと保水力が弱いため、砂糖とブレンドして加えるようにしましょう。「サラヤのホワイトラカント」はクセが少ないので、素材の味を邪魔せずおすすめです。

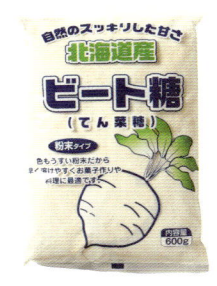

パンやお菓子を作るときは、粒が細かいタイプのてんさい糖を選びましょう。キビ糖もまろやかな甘さがありおすすめです。

直接手で生地を混ぜようとすると手にベタベタくっつくので、この料理用手袋があると便利です！ストレスなく生地をまとめられるのでおすすめ。スーパーやドラッグストアなどで購入できます。

米油は、生地をきめ細かくしっとりとした食感に仕上げます。米油がなければ、他の油でも代用可能ですが、その場合はクセのない油を選んでください。

純ココアパウダーはスーパーで手に入りやすい「森永 純ココア」です。他のものでもOKですが、砂糖やミルクを含まないタイプを選んでください。

本書で使用するギリシャヨーグルトには「森永乳業のパルテノ（プレーン砂糖不使用）」をおすすめします。濃厚でクリーミーなだけではなく、栄養価も高いです。

焼き上がりの風味や焼き色を良くするために加えているスキムミルクは、「森永 スキムミルク」。スーパーでも手に入りやすいものです。

米粉と相性がよく、米粉パンをふっくらと香り高く仕上げてくれる「デルタインターナショナルのアーモンドパウダーゴールド」を使用しています。

豆乳は調整豆乳ではなく、無調整豆乳を使用します。スーパーで手に入りやすいものを選びましたが、他の無調整豆乳でもOKです。

トースターで焼くタイプの米粉パンには、くっつきにくい「クックパー フライパン用ホイル」がおすすめ。生地がべたっとくっつくことがないのでストレスもなく、焼き上がりも綺麗に仕上がります。

Q & A

材料の代用はできますか？

A

足りない材料があるときは何かで代用できないかなって思いますよね。お気持ちはとっても分かります！ですが、私の願いとしては、まずレシピ通りに作っていただきたいのです。この本のレシピは工程はとっても簡単ですが、材料が重要なんです。配合を変えたことで失敗の原因になったり、食感も味も全く違うものになってしまうこともあります。皆様に喜んでいただけることを思い浮かべながら試作をし、ひとつひとつ大切に作っていますので、一度レシピ通りに作っていただけたら幸いです。

うまく作れるようになったら"アレンジ"として別の材料を代用してみるのが良いかと思います♪

生地だけ前日の夜に仕込んでおいてもよいですか？

A

この本の米粉パンレシピはベーキングパウダーを使って膨らませています。

ベーキングパウダーが入った生地は水分と反応してしまうので、長時間寝かせるのは残念ながら×です。

生地を混ぜ合わせたらなるべく早めに加熱するようにしましょう！

米粉パンは冷凍できますか？

フィリングに水分を多く含むもの以外は冷凍保存が可能です。
米粉ブレッドなど大きいパンは食べきれないので、食べやすく小分けに
してラップに包み、冷凍用保存袋に入れて冷凍室へ♪ 保存期間は2週間
が目安です。また冷蔵保存の場合は作った日を含めて2日が目安。
米粉は乾燥に弱いので必ずラップに包んでください。
食べるときは軽くレンジで温めてからお召し上がりくださいね。

生地がどうやっても成形できません

どうしても生地がうまく扱えない場合は米粉を少し足してみても良いで
すが、生地がゆるゆるでスライムのようになっているときは原因がある
はずですので、ここで解説します！

オオバコを加えていない、ま
たはオオバコを他の材料で
代用している場合に、この
ようなどろどろの液状にな
る可能性が高いです。オオ
バコは必須なので代用せず
に必ず加えてください。

米粉や副材料の吸水率の違
いで、ゆるくなっている可
能性が。または、混ぜ方が
足りない場合もこのような
状態に。「しっかり混ぜて、
5分ほど置く」→「再び混
ぜる」、それでもまとまら
なかったら、少量ずつ米粉
を足してみてください。

レシピによって、生地の状
態はそれぞれ異なりますが、
このように生地がまとまれ
ばOKです！ 次の工程に進
みましょう。

本書の使い方

〜〜〜〜〜〜

本書で紹介する
米粉パンは、

1 混ぜる

2 成形する

3 焼く

のたった
3STEP!

失敗しようがないくらい
簡単なのですが、
本書のレシピの
見方をご説明します。

混ぜる
STEP 混
基本的に材料をボウルや耐熱容器などに入れて、しっかり混ぜます。「生地がゆるいかも？」「この感じでいいのかな？」など迷ったら、P10やP15を参考にしてみてください♪

シンプルながらも、とっておきの朝ごはんに
ふわふわもちもちな

オーブン 米粉のソルトブレッド

焼く
STEP 焼
予熱の温度や必要なものは、「準備」にあるのでそちらもチェックを！ あとはレンジ、オーブン、フライパンなどで焼くだけです！

● 準備

作業に取りかかる前に、準備して欲しい事柄です。先に準備しておくとスムーズなので、こちらから始めてください♪

〜〜〜〜〜〜〜〜〜〜〜〜〜〜〜〜〜〜〜〜〜〜〜〜〜〜〜〜〜〜〜
スライスしたパンを軽くトースターで焼いても美味しい！ バターやお好きなジャムを乗せて♪
〜〜〜〜〜〜〜〜〜〜〜〜〜〜〜〜〜〜〜〜〜〜〜〜〜〜〜〜〜〜〜

★ 材料（1本分）

	米粉	140g	
	砂糖	30g	
A	塩	1g	
	オオバコ	10g	
	ベーキングパウダー	7g	

	卵（M）	2個
A	水	100g
岩塩（トッピング）		

準備
・卵を溶いておく
・天板にオーブン用シートを敷く
・オーブンは170℃に予熱する

STEP 混

1 ボウルにAを入れ、生地がまとまるまでしっかり混ぜる。

ボテっとした生地感。ゆるい場合は5分ほど置いて様子をみる

STEP 成

ツルツル、ピカピカに！

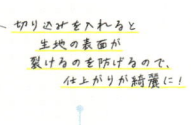

2 オーブン用シートを敷いた天板に1を乗せて、長さ20〜22cm、幅8〜9cm目安の楕円形に整える。手に水をつけて生地の表面をなでるようにしてつるつるにする。

STEP 焼

切り込みを入れると生地の表面が裂けるのを防げるので、仕上がりが綺麗に！

3 切り込みを数カ所入れ、岩塩をパラパラと振る。予熱完了したオーブンで40〜45分焼く。

● ポイント

ちょっとしたポイントなどを取りあげています。こちらも参考にしてもらえたら♪

成形する

STEP 成

まとまった生地の形を整えて、表面を水でつるつるにしたり、艶出しの卵を塗ったりする工程です。レシピに成形するサイズも示しているので、参考にしてください♪

CONTENTS

004	はじめに
006	米粉パンの魅力
008	米粉パンの取扱説明書
012	米粉パン　スタメンアイテム＆食材
014	米粉パンのコツ　Q &A
016	本書の使い方

1章
失敗知らずの 簡単すぎる米粉ブレッド

024	米粉のソルトブレッド
026	米粉ショコラブレッド
027	米粉パンプキンブレッド
028	米粉スイートポテトブレッド
029	米粉レーズンブレッド
030	米粉シュトーレンブレッド
031	米粉コーヒーブレッド
032	米粉ブレッド
034	米粉メロンパン
036	米粉チョコチップメロンパン

037	米粉抹茶ホワイトチョコブレッド
038	レンジで5分！　米粉ちぎりパン
040	レンジで5分！　米粉チョコちぎりパン
041	レンジで5分！　米粉抹茶ホワイトちぎりパン
042	米粉とおから抹茶蒸しパン
043	米粉とおからマーブル蒸しパン
044	米粉×豆腐で　ベーコンちぎりパン
046	米粉×豆腐で　ウィンナーちぎりパン
048	米粉×豆腐で　シナモンロール
050	米粉のお豆腐まるパン
052	米粉とお豆腐ココアチョコまるパン
053	米粉とお豆腐ハムチーズまるパン
054	米粉でもちもち　餃子ドック
056	米粉でピザまん
057	米粉のネギみそおやき
058	米粉でピタパン

2章

作って楽しい、食べて美味しい！

バラエティ米粉パン

062	米粉の白パン
064	米粉のパクッとミニ白パン＆チョコクリーム
066	レンジで簡単　ミルククリームと米粉のミニハートパン

068	米粉の抹茶豆乳ハース
069	米粉のシュガーバターパン
070	米粉のテーブルパン
071	米粉の塩バターパン
072	米粉のガーリックパン
073	真っ白米粉のミニコッペ
074	米粉のカリッとグリッシーニ
076	米粉のさつまいもパン
077	米粉のトマトバジルチーズパン
078	米粉のホワイトタイガーブレッド
080	ホワイトタイガーブレッド　アレンジ
081	米粉のオランジュショコラパン
082	米粉のプルコギベイク
084	米粉のアップルパン
086	米粉のレーズン食パン
088	米粉の枝豆チーズパン
090	米粉のカルツォーネ
092	米粉の塩バターくるみぱん
094	米粉のフーガス
096	米粉のアスパラベーコン
098	米粉の大きなりんごカスタードパン
100	米粉のプルアパートブレッド
102	米粉のウインナーロールパン
104	米粉のショコラパヴェ
106	米粉のロングショコラ

107	米粉のウールロールパン
108	米粉で照り焼きチキンピザ
110	米粉でマルゲリータピザ
112	米粉のシナモンロール
113	米粉のスイートブール

3章
罪悪感なしのギルトフリーな
米粉スイーツ

116	米粉のメロンパンクッキー
118	米粉のキャロットケーキ
120	米粉のショコラマドレーヌ
122	甘酒の甘さが優しい　米粉のチーズケーキ
124	レンジで簡単　米粉のブラウニー

126	おわりに

1章

失敗知らずの
簡単すぎる

米粉ブレッド

Rice Flour Bread

シンプルながらも、とっておきの朝ごはんに！
ふわふわもちもちな

オーブン 米粉のソルトブレッド

スライスしたパンを軽くトースターで焼いても美味しい！　バターやお好きなジャムを乗せて♪

★ 材料（1本分）

A	米粉	140g
	砂糖	30g
	塩	1g
	オオバコ	10g
	ベーキングパウダー	7g

A	卵（M）	2個
	水	100g

岩塩（トッピング）

準備
・卵を溶いておく
・天板にオーブン用シートを敷く
・オーブンは170℃に予熱する

STEP 混

1 ボウルにAを入れ、生地がまとまるまでしっかり混ぜる。

ボテっとした生地感。ゆるい場合は5分ほど置いて様子をみる

STEP 成

ツルツル、ピカピカに！

2 オーブン用シートを敷いた天板に1を乗せて、長さ20〜22cm、幅8〜9cm目安の楕円形に整える。手に水をつけて生地の表面をなでるようにしてつるつるにする。

STEP 焼

切り込みを入れると生地の表面が裂けるのを防げるので、仕上がりが綺麗に！

3 切り込みを数カ所入れ、岩塩をパラパラと振る。予熱完了したオーブンで40〜45分焼く。

香り高いココアを加えて
リッチな味わいに大変身

オーブン # 米粉ショコラブレッド

チョコチップ入りで子どもにも人気のショコラブレッド。おやつにもぴったりです♪

★ 材料（1本分）

A				A		
	米粉	120g			卵（M）	2個
	純ココアパウダー	15g			水	100g
	オオバコ	10g			チョコチップ	お好みの量
	ベーキングパウダー	7g				
	塩	1g				
	砂糖	30g				

準備

・卵を溶いておく
・天板にオーブン用シートを敷く
・オーブンは170℃に予熱する

STEP 混 **1** ボウルにAを入れ、生地がまとまるまでしっかり混ぜる。まとまったら、チョコチップを加えてざっくりと混ぜる。

ボテっとした生地感。
少ない場合は5分ほど置いて様子をみる

STEP 成 **2** オーブン用シートを敷いた天板に 1 を乗せて、長さ20〜22cm、幅8〜9cm目安の楕円形に整える。手に水をつけて生地の表面をなでるようにしてつるつるにする。

STEP 焼 **3** 切り込みを数カ所入れ、予熱完了したオーブンで40〜45分焼く。

切り込みを入れると
生地の表面が裂けるのを防げるので、
仕上がりが綺麗に！

カボチャの優しい甘みが嬉しい♪

★ 材料（1本分）

A
米粉	140g
オオバコ	10g
ベーキングパウダー	7g
砂糖	30g
塩	1g

カボチャ（正味）
.... 150g
（皮と種とワタを取り除き、一口大に切る）
＊ねっとり系よりホクホク系を使います。

無調整豆乳 70g
卵（M） 2個

準 備
・卵を溶いておく
・天板にオーブン用シートを敷く
・カボチャの加熱が終わったら170℃にオーブンを予熱する

1 耐熱容器にカボチャを入れ、ふんわりラップをして600Wのレンジで約3分加熱。レンジから取り出し、なめらかになるまで潰す。

STEP 混

2 1に無調整豆乳を少しずつ加えて、よく混ぜる。卵も加え、しっかり混ぜる。Aを加え、粉っぽさがなくなるまでしっかりと混ぜる。

ボテっとした生地感。
ゆるい場合は5分ほど置いて様子をみる

STEP 成

3 オーブン用シートを敷いた天板に2を乗せて、長さ20cm、幅9cm目安の楕円形に整える。手に水をつけて生地の表面をなでるようにしてつるつるにする。

STEP 焼

4 切り込みを数カ所入れ、予熱完了したオーブンで40〜45分焼く。

切り込みを入れると
生地の表面が裂けるのを防げるので、
仕上がりが綺麗に！

オーブン 米粉パンプキンブレッド

カボチャをたっぷり練り込んで
優しい味わいに

もちもちの生地にホクホクのさつまいもで嬉しい満腹感。腹持ちがよいので朝ごはんにもぴったり！

★ 材料（1本分）

さつまいも		100g

（皮付きのまま1cm角に切り、5分ほど水にさらす）

A	米粉		140g
	オオバコ		10g
	ベーキングパウダー		7g
	砂糖		35g
	塩		1g

B	砂糖		大さじ1
	バター		10g
卵（M）			2個
無調整豆乳			100g
黒ごま			大さじ1

準備
・卵を溶いておく
・天板にオーブン用シートを敷く
・オーブンは170℃に予熱する

1 水気を切ったさつまいもを耐熱容器に入れ、Bを加えてふんわりとラップをかけ、600Wのレンジで2〜3分加熱。取り出しよく混ぜてなじませておく。

STEP 混 2 ボウルに卵を割り入れ溶きほぐし、無調整豆乳を加えて混ぜる。Aを加え、生地がまとまるまでしっかり混ぜたら、1と黒ごまを加えてざっくりと混ぜる。

*ボテっとした生地感。
中るい場合は5分ほど
置いて様子をみる*

STEP 成 3 オーブン用シートを敷いた天板に2を乗せて、長さ20〜22cm、幅8〜9cm目安の楕円形に整える。手に水をつけて生地の表面をなでるようにしてつるつるにする。

STEP 焼 4 切り込みを数カ所入れたら170℃に予熱完了したオーブンで40〜45分焼く。

*切り込みを入れると生地の
表面が裂けるのを防げるので、
仕上がりが綺麗に！*

オーブン 米粉スイートポテトブレッド

*ホクホクのさつまいもが
ゴロゴロで食べ応え抜群！*

レーズンの甘味と食感が
たまらない逸品♪

オーブン 米粉レーズンブレッド

スライスしたパンをトースターで焼いて、バターを染み込ませたら至高の味わい！

★ 材料（1本分）

A
米粉	140g
オオバコ	10g
ベーキングパウダー	7g
塩	1g
砂糖	35g
卵（M）	2個
水	100g

ドライレーズン ………… 40〜50g
（オイルコーティングされてない
サルタナレーズンがおすすめ）

B
ザラメ or グラニュー糖	………………適量

準 備
・卵を溶いておく
・天板にオーブン用シート
を敷く
・オーブンは170℃に予熱
する

 STEP 混 **1** ボウルにAを入れ、生地がまとまるまでしっかり混ぜる。混ざったら、レーズンを加えてざっくりと混ぜる。

ボテっとした生地感。
ゆるい場合は5分ほど
置いて様子をみる

 STEP 成 **2** オーブン用シートを敷いた天板に1を乗せて、長さ20〜22cm、幅8〜9㎝目安の楕円形に整える。手に水をつけて生地の表面をなでるようにしてつるつるにする。

 **STEP 焼** **3** 切り込みを数カ所入れ、Bを振る。予熱完了したオーブンで40〜45分焼く。

切り込みを入れると
生地の表面が裂けるのを防げるので、
仕上がりが綺麗に！

＊オイルコーティングされているレーズンを使う場合は、レーズンに熱湯を回しかけて30秒ほど浸し、
しっかり湯切りしてキッチンペーパーなどで水分を切っておく。

クリスマスの風物詩も、
米粉で簡単に手作りできちゃいます♪

オーブン # 米粉シュトーレンブレッド

たっぷりのドライフルーツとラム酒で大人な味わいが楽しいシュトーレン。
クリスマス用におうちで作ってみて♪

★ 材料（1本分）

A			A		
米粉	100g		ギリシャヨーグルト（無糖）		100g
アーモンドパウダー	40g		（パルテノプレーン無糖推奨）		
砂糖	30g		無調整豆乳		80g
オオバコ	5g	B	ドライフルーツミックス		60g
ベーキングパウダー	5g		ラム酒		7g
塩	少々		チョコチップ		20g
			粉糖		適量

準備

・天板にオーブン用シートを敷く
・オーブンは170℃に予熱する
・ドライフルーツミックスとラム酒を合わせてなじませる

 STEP 1 混 ボウルにAを入れ、生地がまとまるまでしっかり混ぜる。まとまったら、Bとチョコチップを加えてよく混ぜる。

*ボテっとした生地感。
ゆるい場合は5分ほど置いて様子をみる*

 STEP 2 成 オーブン用シートを敷いた天板に1を乗せて、長さ18cm、幅9cm目安の楕円形に整える。手に水をつけて生地の表面をなでるようにしてつるつるにする。

*生地の1/3の所に、
おはしでぐいっと
食い込みをいれると
シュトーレンっぽさ
UP！*

 **STEP 3 焼** 予熱完了したオーブンで30〜35分焼く。仕上げに粉糖を振る。

*一晩寝かせるよりも
焼き立てが
美味しい！*

少しビターなほろ苦さが大人の味。コーヒーのお供にぴったりです♪

★ 材料（1本分）

A	米粉	145g
	オオバコ	10g
	ベーキングパウダー	7g
	砂糖	30g
	塩	1g
	卵（M）	2個
	水	100g

A	インスタントコーヒー	4g
	湯	大さじ1

（先に溶かし混ぜておく）

[コーヒーアイシング]

インスタントコーヒー	1g
湯	小さじ2
粉糖	30g

準備

・卵を溶いておく
・天板にオーブン用シートを敷く
・オーブンは170℃に予熱する
・コーヒーアイシングのインスタントコーヒーと湯を事前に合わせて混ぜ溶かし、粉糖と合わせてしっかり混ぜる

 STEP 混

1 ボウルにAを入れ、生地がまとまるまでしっかり混ぜる。

ボテっとした生地感。
ゆるい場合は5分ほど
置いて様子をみる

 STEP 成

2 オーブン用シートを敷いた天板に1を乗せて、長さ20〜22cm、幅8〜9cm目安の楕円形に整える。手に水をつけて、生地の表面をなでるようにしてつるつるにする。

 STEP 焼

3 切り込みを数カ所入れたら、予熱完了したオーブンで40〜45分焼く。粗熱が取れたらコーヒーアイシングをかける。

お好みの厚さに切ってから、
コーヒーアイシングを
かけるのがおすすめ！

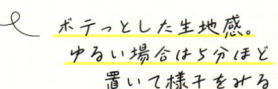

オーブン 米粉コーヒーブレッド

ベージュのアイシングが食欲をそそります♪
コーヒの香りが芳しい

オーブンがなくても大丈夫！
トースターでパパッと作れる！
サックリ、ふわもち食感

米粉ブレッド

小さめサイズだから少人数で食べるのにもおすすめ。

★ 材料（1本分）

A				A			
	米粉	……	75g		ベーキングパウダー	……	3g
	砂糖	……	15g		卵（M）	……	1個
	塩	……	少々		水	……	50g
	オオバコ	……	5g				

準備
・卵を溶いておく
・トースターは200℃に温める（1000W前後）
・トースターの鉄板にはくっつきにくいアルミホイルを使用するのがおすすめ

STEP 混

1 ボウルにAを入れ、生地がまとまるまで混ぜる。

ボテっとした生地感。
ゆるい場合は5分ほど置いて
様子をみる

STEP 成

2 アルミホイルを敷いた鉄板に1を乗せて、長さ14cm、幅9cm目安の楕円形に整える。手に水をつけて、生地の表面をなでるようにしてつるつるにする。

STEP 焼

焦げそうなときは、
途中でアルミホイルを
被せて

3 切り込みを数カ所入れたら、200℃目安のトースターで20〜23分焼く。（様子をみながら）

トースター 米粉メロンパン

子どもも大人も大好きなメロンパン。おやつにも朝食にもぴったりです♪

★ 材料（1本分）

皮生地	
米粉	20g
アーモンドパウダー	20g
ベーキングパウダー	1g
砂糖	15g
卵（M）	半量（25g）
米油	5g

パン生地			
米粉	75g	卵（M）	半量25g
砂糖	20g	水	65g
塩	少々	米油	5g
オオバコ	5g		
ベーキングパウダー	3g	グラニュー糖（仕上げ用）	
			適量

準備

・トースターは200℃に温める（1000W前後）
・トースターの鉄板にはくっつきにくいアルミ
　ホイルを使用するのがおすすめ
・卵（M）を半量ずつに分けて溶く（25gずつ）

STEP 混

ボテっとした生地感。
ゆるい場合は5分ほど
置いて様子をみる

パン生地　　　皮生地

1 ボウルに皮生地、パン生地の材料を
それぞれ入れ、生地がまとまるまで
混ぜる。

アルミホイルを敷いた
鉄板の上で成形すると◎

STEP 成

2 1のパン生地を、長さ15cm、幅8cm
目安の楕円形に整える。その上に、1
の皮生地をパン生地の上にかぶせる
ように伸ばし広げながら形を整える。

焦げそうなときは、
途中でアルミホイルを
被せて

STEP 焼

3 手に水をつけて、2の生地の表面を
なでるようにしてつるつるにする。
カードなどで格子柄に模様をつけ、
たっぷりめにグラニュー糖を振り、
アルミホイルを敷いた200℃のトー
スターで25分ほど焼く。

焼いているときから
ココアの香りがお部屋に広がる

米粉のチョコチップメロンパン
トースター

メロンパン×チョコなんて美味しいに決まっている組み合わせ。米粉なら罪悪感もなし！

★ 材料（1本分）

皮生地

米粉	20g
純ココアパウダー	4g
アーモンドパウダー	20g
ベーキングパウダー	1g
砂糖	15〜20g
卵（M）	半量（25g）
米油	5g

パン生地

米粉	50g
純ココアパウダー	5g
砂糖	15g
塩	少々
オオバコ	3g

ベーキングパウダー	3g
卵（M）	半量（25g）
水	45g
米油	5g
チョコチップ	7g
グラニュー糖	（仕上げ用）

準備

・トースターは200℃に温める（1000W前後）
・トースターの鉄板にはくっつきにくいアルミホイルを使用するのがおすすめ
・卵（M）を半量ずつに分けて溶いておく（25gずつ）

STEP 混
1 ボウルに皮生地を混ぜ合わせ、一旦冷蔵庫へ。パン生地の材料をボウルに入れ、生地がまとまるまで混ぜる。

焦げそうなときは、
途中でアルミホイルを被せて

STEP 成
2 アルミホイルを敷いた鉄板に1のパン生地を乗せて、長さ12cm、幅7cm目安の楕円形に形を整える。その上に、1の皮生地をかぶせるように伸ばし広げながら形を整える。

STEP 焼
3 手に水をつけて、2の生地の表面をなでるようにしてつるつるにする。カードなどで格子柄に模様をつけ、たっぷりめにグラニュー糖を振り、200℃のトースターで20〜25分焼く。

抹茶の風味とホワイトチョコの甘味の組み合わせが最高！

★ 材料（1本分）

A			A				
米粉	70g		ベーキングパウダー	3g		無塩バター	10g
砂糖	15g		卵（M）	1個		ホワイトチョコ	適量
塩	少々		抹茶パウダー	2〜3g			
オオバコ	5g		無調整豆乳	50g			

ホワイトチョコは焦げやすいので、生地の中にしまい込んで！

準備
・卵を溶いておく
・トースターは200℃に温める（1000W前後）
・トースターの鉄板にはくっつきにくいアルミホイルを使用するのがおすすめ

STEP 混 1 ボウルにAを入れ、生地がまとまるまでしっかり混ぜる。まとまったらバターも加えて生地全体になじませ、ホワイトチョコを入れてざっくりと混ぜる。

STEP 成 2 アルミホイルを敷いた鉄板に1を乗せて、長さ14cm、幅7cm目安に形を整えたら、手に水をつけ生地の表面をなでるようにしてつるつるにする。

STEP 焼 3 切り込みを数カ所入れ、200℃のトースターで20〜25分焼く。

焦げそうなときは、途中でアルミホイルを被せて

トースター　**米粉抹茶ホワイトチョコブレッド**

相性バツグンの組み合わせ♪

お好きな具材を包んでもOK！
アレンジ無限！

レンジ レンジで5分！ 米粉ちぎりパン

レンジで加熱するだけで作れちゃうから、忙しい朝にもパパッとできちゃう♪

★ 材料（4個分）

絹ごし豆腐 ……………… 150g
卵（M） ……………………… 1個
A ┌ 米粉 ……………… 120g
　│ オオバコ ………… 10g
　│ ベーキングパウダー … 6g
　└ 砂糖 ……………… 20g

準 備
・800ml耐熱容器にクッキング
　シートをセットする

1 ボウルに豆腐を入れ、形が
なくなるまで潰し混ぜる。

2 1に卵を加えてよく混ぜたら、Aを入
れて生地がまとまるまでよく混ぜる。

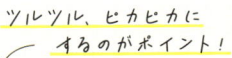
ツルツル、ピカピカに
するのがポイント！

4 3を600Wのレンジで5分
加熱する（ラップ不要）。
加熱後レンジから取り出し
完成。

3 2を4等分にして丸める。手に水を
つけて、生地の表面をなでるように
してつるつるにしたら耐熱容器に並
べる。

あっという間に
レンジで作れちゃう嬉しい逸品♪

レンジで5分！ 米粉チョコちぎりパン

ココア生地にチョコチップをプラスしているので、おやつにもぴったり！

★ 材料（4個分）

絹ごし豆腐	150g	
卵（M）	1個	
A 米粉	110g	
オオバコ	10g	

A ベーキングパウダー	6g
砂糖	20g
純ココアパウダー	10g
チョコチップ	適量

準備
・800ml耐熱容器にクッキングシートをセットする

 STEP 混 **1** ボウルに豆腐を入れ、形がなくなるまで潰し混ぜる。

 STEP 混 **2** 1に卵を加えてよく混ぜたら、Aを入れて生地がまとまるまでよく混ぜる。

 STEP 成 **3** 2を4等分にし、チョコチップを加えて包むように丸める。手に水をつけて、生地の表面をなでるようにしてつるつるにしたら耐熱容器に並べる。

 STEP 焼 **4** 3を600Wのレンジで5分加熱する（ラップ不要）。加熱後レンジから取り出し完成。

コーヒーブレイクやお茶請けにもぴったり♪

★ 材料（4個分）

絹ごし豆腐	150g		ベーキングパウダー	6g
卵（M）	1個	A	砂糖	20g
A 米粉	120g		抹茶パウダー	3g
オオバコ	10g	ホワイトチョコ	適量	

準 備
・800ml耐熱容器にクッキングシートをセットする

 STEP 混 1 ボウルに豆腐を入れ、形がなくなるまで潰し混ぜる。

 STEP 混 2 1に卵を加えてよく混ぜたら、Aを入れて生地がまとまるまでよく混ぜる。

 STEP 成 3 2を4等分にし、ホワイトチョコを加えて包むように丸める。手に水をつけて、生地の表面をなでるようにしてつるつるにしたら耐熱容器に並べる。

 STEP 焼 4 3を600Wのレンジで5分加熱する（ラップ不要）。加熱後レンジから取り出し完成。

レンジ レンジで5分！

米粉抹茶ホワイトチョコちぎりパン

あっという間でできちゃうから
自分へのご褒美にも♪

レンジであっという間に作れる簡単蒸しパン。朝食やおやつにぴったり♪

★ **材料（1台分）**

A		
米粉	………………	30g
おからパウダー	………	10g
ベーキングパウダー	……	3g
砂糖	………………	30g
卵（M）	……………	1個

A		
プレーンヨーグルト（無糖）		
	………………	30g
牛乳or無調整豆乳		
	………………	50g
抹茶パウダー	………	2〜4g

準備
・540ml耐熱容器にクッキングシートを敷く

STEP 混 1
ボウルにAを入れ、しっかり混ぜる。

STEP 焼 2
耐熱容器に流し入れ、600Wのレンジで2分40秒加熱する（ラップ不要）。

加熱が足りないときは、追加で10秒ずつ加熱

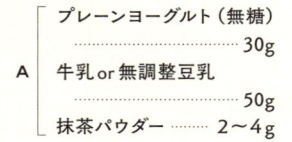

レンジ **米粉とおから抹茶蒸しパン**

おからをブレンドイするから
もっちりふんわり食感に

シンプルな蒸しパンも
マーブル模様でリッチな雰囲気に大変身!

レンジ 米粉とおからマーブル蒸しパン

マーブル模様は、竹串をくるくる動かすだけで綺麗な模様ができちゃいます。

★ 材料（1台分）

A	米粉	30g
	おからパウダー	10g
	ベーキングパウダー	3g
	砂糖	30g
	卵（M）	1個

A	プレーンヨーグルト（無糖）	30g
	牛乳 or 無調整豆乳	50g
	純ココアパウダー	小さじ1

準備
・540ml耐熱容器にクッキングシートを敷く

STEP 混 1 ボウルにAを入れ、しっかり混ぜる。

STEP 混 2 小さめの容器に1の生地を大さじ1〜2取り分け、純ココアパウダーを入れてよく混ぜる。

STEP 焼 3 耐熱容器に1を流し入れたら2の生地をランダムに乗せ、竹串などを使ってくるくると模様をつける。600Wのレンジで2分40秒加熱する（ラップ不要）。

＊おからパウダーは、「なめらかおからパウダー」（旭松食品）を使用。おからパウダーの種類によって、吸水率が違うのでなるべく同じものをご使用ください。（「奇跡のおから」（イデア・トレードウィンド）でもOK）

もちもち生地で
満足感のあるお惣菜パンの出来上がり！

米粉×豆腐で ベーコンちぎりパン

小さめサイズのちぎりパンだから、少人数で食べてちょうどいい。

★ 材料（9個分）

絹ごし豆腐	150g		オリーブオイル	5g		
卵（M）	1個	A	ベーコン	30〜40g		
			（5〜7mm角に切る）			
米粉	120g		ピザ用チーズ	適量		
砂糖	15g		ドライパセリ	適量		
A オオバコ	10g		粗びき黒胡椒	適量		
ベーキングパウダー	6g					
塩	少々					

準備
・800mlオーブン対応耐熱容器にクッキングシートを敷く
・オーブンは180℃に予熱する

STEP 混

1 ボウルに絹ごし豆腐を入れ、形がなくなるまで潰し混ぜる。卵を加えてさらにしっかりと混ぜ、Aも加えて生地がまとまるまで混ぜる。

STEP 成

2 1を3等分にし、さらにそれぞれを3等分にして全部で9個の球形にする。手に水をつけて生地の表面をなでるようにしてつるつるにし、耐熱容器に並べる。

STEP 成

3 ピザ用チーズ、ドライパセリを好みの量散らし、粗びき黒胡椒を気持ち多めに振る。

STEP 焼

4 180℃のオーブンで30分ほど焼く。

オーブン 米粉×豆腐で ウインナーちぎりパン

簡単なのに食べ応えバッチリな嬉しいお惣菜パン♪

★ 材料（9個分）

絹ごし豆腐	150g	ウインナー	3〜4本
卵（M）	1個	（3cm幅に切る）	
米粉	120g	マヨネーズ	適量
砂糖	15g	ケチャップ	適量
A オオバコ	10g	粉チーズ	適量
ベーキングパウダー	6g	ドライパセリ	適量
塩	少々		
米油	5g		

準備
・800mlオーブン対応耐熱容器にクッキングシートを敷く
・オーブンは180℃に予熱する

STEP 混

1 ボウルに絹ごし豆腐を入れ、形がなくなるまで潰し混ぜる。卵を加えてさらにしっかりと混ぜ、Aも加えて生地がまとまるまで混ぜる。

STEP 成

2 1を3等分にし、さらにそれぞれを3等分にして全部で9個の球形にする。手に水をつけて生地の表面をなでるようにしてつるつるにし、耐熱容器に並べる。

STEP 成

STEP 焼

4 180℃のオーブンで30分ほど焼く。

3 キッチンハサミで十字に切り込みを入れ、その切り込みを少し広げてウインナーを軽く押し込むように乗せていく。マヨネーズ、ケチャップをかけ、粉チーズとドライパセリを振る。

もちもち生地に
とろけるチョコとシナモンの香り

米粉×豆腐で シナモンロール

お店の味がおうちで作れちゃう♪　シナモンシュガーの量でお好みの味に♪

★ 材料（9個分）

絹ごし豆腐	150g
卵（M）	1個
A　米粉	120g
砂糖	20g
オオバコ	10g
ベーキングパウダー	6g
塩	少々
無塩バター	10g

溶かしバター	10g
シナモンシュガー	適量
チョコチップ	適量

アイシング

粉糖	15g
水	2～3g

準備
・800mlオーブン対応耐熱容器にクッキングシートをセットする
・オーブンは180℃に予熱する
・アイシングは混ぜる

STEP 混

1 ボウルに絹ごし豆腐を入れ、形がなくなるまで潰し混ぜる。卵を加えてさらにしっかりと混ぜ、Aも加えて生地がまとまるまで混ぜる。

ラップの上で成形

STEP 成

2 1を3等分にし、それぞれの生地を縦12cm、横9cmに伸ばし、シナモンシュガーを広げ、お好みでチョコチップを散らす。

STEP 成

3 横9cm側を手前にして生地をくるくる巻いていき、閉じ目をしっかり閉じる。閉じ目を下にし、3cm幅目安に3等分にカットして、全部で9個にする。

STEP 焼

4 3を耐熱容器に並べ、溶かしバターを塗り、180℃のオーブンで30分焼く。仕上げにアイシングをかける。

お好きな具材を
包んでも楽しい

フライ
パン 米粉のお豆腐まるパン

いろんなアレンジで楽しみは無限大♪

★ 材料（8個分）

絹ごし豆腐	150g	
卵（M）	1個	

A
米粉	120g
砂糖	20g
オオバコ	10g
ベーキングパウダー	6g
塩	少々

STEP 混

1 ボウルに絹ごし豆腐を入れ、形がなくなるまで潰し混ぜる。卵を加えてさらにしっかりと混ぜ、Aも加えて生地がまとまるまで混ぜる。

STEP 成

2 1を8等分にし平たく丸め、手に水をつけて生地の表面をなでるようにしてつるつるにする。弱火で熱したフライパンに並べる。

STEP 焼

3 蓋をして弱火で15分焼く。裏返して再び蓋をし、弱火で10分ほど焼く。

アレンジレシピ

枝豆チーズバージョン

米粉のお豆腐まるパンの STEP 混 に
お好きな量の枝豆とチーズをプラス。
こんな風にお好きな材料をプラスして
どんどんアレンジしてみてください♪

コロンとした見た目も
食欲をそそります♪

米粉とお豆腐ココアチョコまるパン

もちもち生地に香り高いココア！　朝食にもおやつにもぴったり♪

★ 材料（8個分）

絹ごし豆腐	150g	ベーキングパウダー	6g
卵（M）	1個	A　塩	少々
A　米粉	110g	純ココアパウダー	10g
砂糖	20g	チョコチップ	適量
オオバコ	10g		

 STEP 混

1 ボウルに絹ごし豆腐を入れ、形がなくなるまで潰し混ぜる。卵を加えてさらにしっかりと混ぜ、Aも加えて生地がまとまるまで混ぜる。

 STEP 成

2 1を8等分にし平たく丸め、チョコチップを包んで、手に水をつけて生地の表面をなでるようにしてつるつるにする。弱火で熱したフライパンに並べる。

 **STEP 焼**

3 蓋をして弱火で15分焼く。裏返して再び蓋をし、弱火で10分ほど焼く。

小さめサイズのパンだからお子さんの朝食やおやつにも！

★ 材料（8個分）

絹ごし豆腐	150g	A ベーキングパウダー	6g
卵（M）	1個	塩	少々

A 米粉 …… 120g
砂糖 …… 20g
オオバコ …… 10g

ハム（粗みじん切り）、チーズ …… 各適量

 STEP 混 **1** ボウルに絹ごし豆腐を入れ、形がなくなるまで潰し混ぜる。卵を加えてさらにしっかりと混ぜ、Aも加えて生地がまとまるまで混ぜる。

 STEP 成 **2** 1を8等分にし平たく丸め、ハム、チーズを包み手に水をつけて生地の表面をなでるようにしてつるつるにする。弱火で熱したフライパンに並べる。

 STEP 焼 **3** 蓋をして弱火で15分焼く。裏返して再び蓋をし、弱火で10分ほど焼く。

フライパン　米粉とお豆腐ハムチーズまるパン

王道のハムチーズで
とろーりもちもち

蒸し器がなくても
フライパンだけで作れちゃう！

フライパン 米粉でもちもち **餃子ドッグ**

～～～～～～～～～～～～～～～～～～～～

1本でボリューム満点！　餃子あんが残ったときのリメイクにも♪

～～～～～～～～～～～～～～～～～～～～

★ 材料（4個分）

生地

絹ごし豆腐	150g
卵（M）	1個

A		
	米粉	120g
	オオバコ	10g
	ベーキングパウダー	6g
	砂糖	20g
	塩	1g

サラダ油	大さじ1
水（蒸し焼き用）	100g

あん

豚ひき肉	100g
塩、胡椒	各少々

B		
	キャベツ	60g（みじん切り）
	ニラ	10g（みじん切り）
	醤油	大さじ1
	ごま油	大さじ1
	ニンニクチューブ	2cm
	生姜チューブ	2cm
	砂糖	小さじ1/2
	鶏ガラ粉末	小さじ1/3

 STEP 混

1 （あんを作る）ボウルに豚ひき肉を入れ、塩、胡椒をして粘りが出るまで混ぜたら、Bを加えよく混ぜる。

STEP 成

2 （生地を作る）ボウルで豆腐を形がなくなるまで潰し混ぜ、卵を入れてよく混ぜる。Aを加えて生地がまとまるまで混ぜ、4等分にする。

生地の合わせ目に
キッチンバサミで
切り目を軽く入れる

STEP 成

STEP 焼

4 フライパンにサラダ油を入れて中火で熱し、3を並べ軽く焼き色がつくまで2〜3分焼いたら火を弱める。蒸し焼き用の水を入れ、蓋をし10〜12分、水気がなくなるまで蒸し焼きにする。仕上げに蓋を取り水分をしっかり飛ばす。

3 2をラップに乗せて、長さ12cm、幅10cmに伸ばし、4等分にしたあんを乗せて包み、生地の端をしっかりとつなぎ合わせる。形を整え、手に水をつけて生地の表面をなでるようにしてつるつるにする。

ピザまんだって
フライパンで簡単に作れちゃう

米粉でピザまん

休みの日のブランチにもぴったりな食べ応え♡

★ 材料（4個分）

生地

絹ごし豆腐		150g
A	米粉	100g
	砂糖	15g
	塩	1g
	ベーキングパウダー	5g
	オオバコ	8g
	トマトケチャップ	大さじ2

サラダ油 ………… 大さじ1/2
水（蒸し焼き用） ………… 100g

具材

B	ベーコン	30g（みじん切り）
	玉ねぎ	30g（みじん切り）
C	トマトケチャップ	大さじ1
	塩、胡椒	各少々
ピザ用チーズ		20g（各5gずつ）

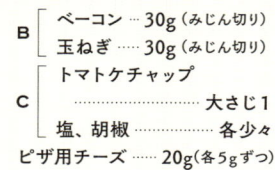

 STEP 混 1 耐熱容器にBを入れふんわりラップをし、600Wのレンジで1分加熱する。取り出したらCを混ぜ、なじませておく。

STEP 成 2 （生地を作る）ボウルに豆腐を入れ、形がなくなるまで潰し混ぜる。Aを加え生地がまとまるまで混ぜる。

 STEP 成 3 1とピザ用チーズを4等分にしたら、2の生地に包み丸く形を整える。手に水をつけて生地の表面をなでるようにしてつるつるにし、中央に小さめの切り込みを入れる。

 STEP 焼 4 フライパンにサラダ油を入れて中火で熱し、3を並べて軽く焼く。焼き色がついたら弱火にし、蒸し焼き用の水を入れ蓋をし、10～12分蒸し焼きにする。仕上げに蓋を取り水分を飛ばす。

もっちりしたおやきの食感がクセになります♪

★ 材料（4個分）

生地

絹ごし豆腐	150g
A	米粉	100g
	砂糖	15g
	塩	1g
	ベーキングパウダー	5g
	オオバコ	8g
	米油	12g

肉味噌

鶏ひき肉	80g
白ネギ	30g（みじん切り）
B	みりん	大さじ1/2
	醤油	小さじ1/2
	みそ	大さじ1/2
	砂糖	小さじ1
	生姜チューブ	2cm
ごま油	小さじ1（工程1用）

ピザ用チーズ	20g（各5g）
ごま油	小さじ1（工程4用）

STEP 混 1　（肉味噌を作る）フライパンにごま油を入れて中火で熱し、鶏ひき肉を炒める。肉に火が通ったらBを加えて、汁気がなくなるまで炒め、最後に白ネギを加えてざっと炒める。

STEP 成 2　（生地を作る）ボウルに豆腐を入れ、形がなくなるまで潰し潰し混ぜる。Aを加え生地がまとまるまでしっかり混ぜる。

STEP 成 3　2を4等分にしたら、それぞれに肉味噌、ピザ用チーズを包み、直径7cm目安に平たく丸める。

手に水をつけてコロコロかためると◎

STEP 焼 4　フライパンにごま油を入れて中火で熱し、3を並べて1～2分、軽く焼き色がつくまで焼く。裏返して蓋をし、弱火にして5分ほど焼く。再び裏返して蓋をし、弱火のまま5分ほど焼く。

フライパン **米粉のネギみそおやき**

ごま油と生姜の香りで
食欲アップ！

野菜やお肉を
挟んで楽しい

米粉でピタパン

工程2は生地を優しく折って、密着させないことがポイントです！

★ 材料（2個分）

生地			具材		ケバブソース	

生地

A	米粉	50g
	砂糖	8g
	ベーキングパウダー	3g
	オオバコ	3g
	プレーンヨーグルト（無糖）	30g
	マヨネーズ	10g
	水	20g

具材

B	鶏肉（小さめに切る）	70〜100g
お好みの野菜（あらみじん切り）（レタス、トマトなど）		適量

ケバブソース

C	プレーンヨーグルト（無糖）	大さじ1
	マヨネーズ	大さじ1
	トマトケチャップ	大さじ1
	レモン汁	小さじ1
	ニンニクチューブ	1cm
	チリパウダー	小さじ1/2
	クミンパウダー	小さじ1/3

準備
・Bに塩と胡椒（各分量外）を振り、フライパンで火が通るまで炒める
・Cの材料を混ぜて合わせる

ラップの上で成形する

STEP 成

STEP 混 1 ボウルにAを入れて、生地がまとまるまでしっかり混ぜる。

2 1を2等分にし、直径12cm程度に薄く伸ばす。生地を密着させないように軽く半分に折り縁を押さえてくっつけ、フォークを使って縁に模様をつける。

STEP 焼

STEP 焼 3 弱火で熱したフライパンに2を並べ、蓋をして5分焼く。ひっくり返して蓋をし、弱火で5分ほど焼く。

4 生地が焼けたらキッチンバサミで直線部分をカットしパカッと開き、お好みの野菜、炒めておいた鶏肉、ケバブソースを挟む。

2章

作って楽しい、
食べて美味しい！

バラエティ
米粉パン

Variety Rice Flour Bread

ふわふわ
マシュマロみたいな

オーブン 米粉の白パン

軽い食べ応えで何個でも食べられちゃう♪

★ 材料（4個分）

A			A			準備
米粉	100g		オオバコ	6g		・天板にオーブン用シートを敷く
アーモンドパウダー	20g		スキムミルク	12g		・オーブンは160℃に予熱する
砂糖	15g		米油	12g		
塩	1g		水	80g		
ベーキングパウダー	4g		無調整豆乳	55g		

生地を4等分にしたら、
手のひらを水で湿らせて
コロコロ丸めると丸めやすい

STEP 混

1 ボウルにAを入れて、生地がまとまるまで混ぜたら、4等分にして楕円形に丸める。

STEP 成

2 手に水をつけて生地の表面をなでるようにしてつるつるにする。生地の真ん中に箸でグイッと食い込みを入れる。

STEP 焼

3 オーブン用シートを敷いた天板に2を並べ、160℃のオーブンで18分焼く。

アレンジレシピ

いちごジャム

★ 材料

冷凍いちご	100g
砂糖	大さじ2〜3
レモン汁	小さじ1

1 耐熱容器に材料を全て入れ、600Wのレンジで2分加熱する（ラップ不要）。取り出して、軽く混ぜたら再び2分加熱する。

2 レンジから取り出し、粗熱が取れたら冷蔵庫で冷やす（冷やすと加熱直後よりもとろみがでます）。

オーブン チョコクリームたっぷりつけて召し上がれ

米粉のパクッとミニ白パン＆チョコクリーム

★ 材料（12個分）

A			A			準備
	米粉	100g		オオバコ	6g	・天板にオーブン用シートを敷く
	アーモンドパウダー	20g		スキムミルク	10g	
	砂糖	15g		水	80g	・オーブンは160℃に予熱する
	塩	1g		無調整豆乳	50g	
	ベーキングパウダー	4g	無塩バター		20g	

 STEP 混

1 ボウルにAを入れ、生地がまとまるまでしっかり混ぜる。混ざったらバターを加えて生地全体になじむよう混ぜる。

 STEP 成

2 1を12等分にし、丸める。手に水をつけて生地の表面をなでるようにしてつるつるにする。

 STEP 焼

3 天板に並べ160℃のオーブンで15分焼く。

白パンに加えるバターは柔らかくしすぎず、手の体温で柔らかくしながら生地に混ぜましょう。

★ 材料

チョコクリーム

牛乳	100g
クリームチーズ	30g
A ┌ 純ココアパウダー	20g
砂糖	40g
└ 米粉	20g

準備

・牛乳は耐熱容器に入れて、500Wのレンジで30秒ほど加熱し、人肌程度に温めておく
・クリームチーズは室温に戻し柔らかくする

1 深さのある耐熱容器に、柔らかくしておいたクリームチーズを入れ、なめらかになるまで練り潰したら、牛乳を少しずつ加え、泡立て器で都度しっかりと混ぜる。

2 1にAを加えて、ダマにならないようにしっかりと混ぜる。

3 500Wのレンジで1分30秒加熱し（ラップ不要）、取り出してしっかり混ぜる。

4 3をなめらかになるまでしっかり混ぜたら、ラップを密着させ粗熱が取れたら冷蔵庫で冷やす。

アレンジレシピ
ピリッと海苔ディップ

★ 材料

クリームチーズ	50g
韓国海苔(8切)	5〜6枚
わさび	少量（お好みで）

1 クリームチーズをスプーンの背やゴムベラを使って柔らかくする。

2 1に韓国海苔をちぎって加え混ぜる。

3 2にお好みでわさびを少量加え混ぜる。

簡単にできちゃうパンとクリームで
無限アレンジができちゃう嬉しい組み合わせ

オーブン **レンジで簡単**

ミルククリームと米粉のミニハートパン

★ 材料（12個分）

A	米粉	100g	A	スキムミルク	10g
	アーモンドパウダー	20g		水	80g
	砂糖	15g		無調整豆乳	50g
	塩	1g		ストロベリーパウダー	5g
	ベーキングパウダー	4g	無塩バター		20g
	オオバコ	6g			

準 備

・天板にオーブン用シートを敷く

・オーブンは160℃に予熱する

 STEP 混 **1** ボウルにAを入れ、生地がまとまるまでしっかり混ぜる。混ざったらバターを加えて生地全体になじむよう混ぜる。

 STEP 成 **2** 1を12等分にし、ハートの形に丸める。手に水をつけて生地の表面をなでるようにしてつるつるにする。

 **STEP 焼** **3** 天板に並べ160℃のオーブンで15分焼く。

ストロベリーパウダーは、ビーツパウダーでもOK！　可愛く色づく程度に加えてね。

★ 材料

ミルククリーム

卵白（Mサイズ）	1個分	牛乳	100g

A
- 砂糖 …………… 20g
- 米粉 …………… 10g

B
- バニラエッセンス …………… 2〜3滴

準備
- 牛乳は耐熱容器に入れて、500Wのレンジで30秒ほど加熱し、人肌程度に温めておく

1 耐熱容器に卵白とAを合わせ、泡立て器で混ぜる。
深さのある耐熱容器を！

2 牛乳を少しずつ加え、泡立て器で都度混ぜながらしっかりと混ぜる。

3 2を500Wのレンジで1分20秒加熱し（ラップ不要）、1度取り出してよく混ぜて、再び500Wのレンジで20秒加熱する（ラップ不要）。
とろみが足りない場合、追加で10秒ずつ加熱してみて（ラップ不要）

4 3を取り出しバニラエッセンスを加え、なめらかになるまでしっかり混ぜる。しっかり混ぜたら、ラップを密着させて粗熱が取れたら冷蔵庫で冷やす。

アレンジレシピ
抹茶カスタードクリーム

★ 材料

牛乳	100g	卵黄（Mサイズ）	1個分

A
- 米粉 …………… 7g
- 抹茶パウダー …… 2〜3g
- 砂糖 …………… 20g

準備
牛乳は耐熱容器に入れて500Wのレンジで30秒ほど加熱し、人肌程度に温めておく

1 耐熱容器に卵黄、Aを合わせ、スプーンの背を使ってしっかりすり混ぜる。

2 牛乳を少しずつ加えながら、都度泡立て器でしっかり混ぜる。

3 500Wのレンジでラップなしで1分20秒加熱したら一度取り出し、よく混ぜて再び500Wのレンジで30秒ほど加熱する。
とろみが足りない場合、追加で10秒ずつ加熱してみて（ラップ不要）

4 3を取り出し、なめらかになるまで混ぜる。ラップを密着させて粗熱を取り、冷蔵庫で冷やす。

米粉の抹茶豆乳ハース

ホワイトチョコは焦げやすいので、成形するときに生地の中に仕舞い込んで♪

★ 材料（2個分）

A	米粉	100g	A	砂糖	15g
	片栗粉	15g		塩	1g
	抹茶パウダー	4〜5g		米油	12g
	オオバコ	5g		無調整豆乳	130g
	ベーキングパウダー	4g	ホワイトチョコ		20g

準備
・天板にオーブン用シートを敷く
・オーブンは210℃に予熱する

 STEP 混 **1** ボウルにAを入れて、生地がまとまるまで混ぜる。まとまったらホワイトチョコをざっくりと混ぜる。

 STEP 成 **2** 1を2等分にし、長さ10cm目安の楕円形に形を整える。手に水をつけて生地の表面をなでるようにしてつるつるにする。

 STEP 焼 **3** 天板に2を並べ、切り込みを数カ所入れたら米粉（分量外）をふるう。210℃のオーブンで10分焼き、さらに170℃に下げて15分焼く。

グラニュー糖のシャリッとした食感がクセになる美味しさです。

★ 材料（4個分）

A			A		
米粉	100g		片栗粉	10g
アーモンドパウダー	20g		卵（M）	1個
オオバコ	6g		水	80g
ベーキングパウダー	4g	無塩バター	20g
砂糖	25g	グラニュー糖	適量
塩	1g			
スキムミルク	10g			

準備
・天板にオーブン用シートを敷く
・オーブンは190℃に予熱する
・バターは1cm幅×6cm長さを目安に、4等分に切り冷蔵庫で冷やす

 1 ボウルにAを入れ、生地がまとまるまでしっかり混ぜたら、バターも加えて生地全体になじむように混ぜる。

 2 1を4等分にし、長さ10cm目安の楕円形に整える。手に水をつけて生地の表面をなでるようにしてつるつるにする。

 3 2の真ん中に切り込みを入れ、バターを切り込み部分に入れてグラニュー糖を振る。

 4 天板に3を並べて、190℃のオーブンで25分焼く。

オーブン 米粉のシュガーバターパン

★ 材料（4個分）

A			A		
米粉	80g		塩	1g	
ベーキングパウダー	3g		卵（M）	1個	
オオバコ	5g		無調整豆乳	35g	
砂糖	15g		プレーンヨーグルト（無糖）	40g	

準備
・卵を溶いておく
・天板にオーブン用シートを敷く
・オーブンは180℃に予熱する

STEP 混 1 ボウルにAを入れ、生地がまとまるまでしっかり混ぜる。

STEP 成 2 生地を4等分にして丸め、手に水をつけて生地の表面をなでるようにしてつるつるにする。

STEP 焼 3 180℃のオーブンで20分焼く。

オーブン

米粉のテーブルパン

簡単シンプルで
いつでも食べたいお味

塩とバターの風味が
クセになる飽きのこない味

米粉の塩バターパン

生地を巻くときは、ラップを持ち上げながら巻くと◎

★ 材料（3個分）

A	米粉 …………… 100g ベーキングパウダー …… 3g オオバコ …………… 5g 塩 …………………… 1g 砂糖 …………… 15g 卵（M）…………… 1個 無調整豆乳 …… 35g プレーンヨーグルト（無糖） …………………… 40g	無塩バター …… 10g（練り込み用） 無塩バター …………… 15g （包み込み用5g×3個） 岩塩 ………………… 適量

準 備
・天板にオーブン用シート
を敷く
・オーブンは200℃に予熱
する
・生地に包み込むバター
は5gずつ3個に切る

生地はラップの
上で成形！

STEP 混
1 ボウルにAを入れ、生地が
まとまるまでしっかり混ぜ
る。練り込み用のバターを
加えて、生地全体になじむ
ようにしっかり混ぜる。

STEP 成
2 生地を3等分にして、上の幅
が4cm、下の幅が8cm、縦が
18cmの涙形になるように伸
ばす。8cm幅のところに包み
込み用のバターを乗せ手前
からくるくると巻いていく。

STEP 成
3 2の形を整えたら、手に水を
つけて生地の表面をなでる
ようにしてつるつるにする。

STEP 焼
4 岩塩をパラパラ振り、200℃
のオーブンで20〜23分焼く。

ガーリックの香りが
食欲をそそる

オーブン # 米粉ガーリックパン

生地に練り込むバターは、柔らかくしすぎずに生地に加えて練り込みましょう。

★ 材料（4個分）

A				A		
米粉	80g			プレーンヨーグルト（無糖）		40g
ベーキングパウダー	3g			無塩バター	10g（練り込み用）	
オオバコ	5g		B	バター		20g
塩	1g			ニンニクチューブ		5g
砂糖	10g			ドライパセリ		適量
卵（M）	1個					
無調整豆乳	35g					

準備
・卵を溶いておく
・天板にオーブン用シートを敷く
・オーブンは200℃に予熱する
・Bを合わせて混ぜる

STEP 混
1 ボウルにAを入れ、生地がまとまるまでしっかり混ぜる。さらにバターを練り込み、生地全体になじむようにしっかり混ぜる。

STEP 成
2 生地を4等分にして、丸く形を整える。手に水をつけて生地の表面をなでるようにしてつるつるにして、十字の切り込みを入れる。

STEP 成
3 Bのガーリックバターを4等分にし、2の真ん中に軽く押し込むように入れる。ドライパセリを振る。

STEP 焼
4 200℃のオーブンで20〜22分焼く。

生地に練り込むバターは、柔らかくしすぎずに生地に加えて練り込みましょう。

★ 材料（4個分）

A			A			準 備
	米粉	100g		オオバコ	6g	・天板にオーブン用シート
	片栗粉	10g		スキムミルク	12g	を敷く
	砂糖	15g		水	80g	・オーブンは160℃に予熱
	塩	1g		無調整豆乳	50g	する
	ベーキングパウダー	4g		無塩バター	20g	

STEP 混 **1** ボウルにAを入れ、生地がまとまるまでしっかり混ぜる。さらにバターを練り込み、生地全体になじむようにしっかり混ぜる。

STEP 成 **2** 1を4等分にし長さ10cm目安に形を整える。手に水をつけて生地の表面をなでるようにしてつるつるにしたら、米粉（分量外）をふるう。

STEP 焼 **3** 160℃のオーブンで20分焼く。

オーブン 真っ白米粉のミニコッペ

クリームを挟んだり、サンドウィッチにしたり♡

外はカリカリ、中はもちもちな
くせになる食感が美味しい

米粉のカリッとグリッシーニ

〜〜〜〜〜〜〜〜〜〜〜〜〜〜〜〜〜〜〜〜〜〜〜〜〜〜〜〜〜〜〜〜〜〜〜〜

お好みで黒ごまを大さじ1加えても美味しい♪

〜〜〜〜〜〜〜〜〜〜〜〜〜〜〜〜〜〜〜〜〜〜〜〜〜〜〜〜〜〜〜〜〜〜〜〜

★ 材料（8本分）

A			A			準備
米粉	……	80g	アーモンドパウダー	……	20g	・天板にオーブン用シートを敷く
砂糖	……	10g	片栗粉	……	12g	・オーブンは200℃に予熱する
塩	……	1g	米油	……	12g	
ベーキングパウダー	……	4g	水	……	100g	
オオバコ	……	5g	オリーブオイル	……	適量	
スキムミルク	……	10g	岩塩	……	適量	

STEP 混

1 ボウルにAを入れ、生地がまとまるまでしっかり混ぜる。

STEP 成

2 1を8等分にし、長さ20cmほどになるように伸ばす。

手に水をつけて生地を転がすように

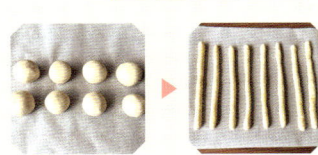

STEP 焼

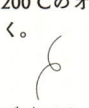

1 2の表面にオリーブオイルを塗り、岩塩をパラパラと少量振る。200℃のオーブンで20〜25分焼く。

オリーブオイルは気持ち多めに塗ると仕上がりがカリッと！

お好みで黒いりごまを生地に練り込んでも◎

ほくほくさつまいもがゴロゴロ

米粉のさつまいもパン

生地に練り込むバターは、柔らかくしすぎずに生地に加えて練り込みましょう。

★ 材料（4個分）

A				
米粉	90g	A	水	50g
アーモンドパウダー	20g		プレーンヨーグルト（無糖）	
砂糖	20g			50g
オオバコ	6g		黒いりごま	7g
ベーキングパウダー	5g		無塩バター	15g
塩	1g	B	さつまいも	80g
卵（M）	1個		砂糖	15g

準備
・卵を溶いておく
・天板にオーブン用シートを敷く
・オーブンは190℃に予熱する
・さつまいもは洗って1cm角に切り、5分ほど水にさらし、水気をきる

STEP 混 1　耐熱容器にBと大さじ1の水（分量外）を振り入れ、ふんわりラップをして600Wのレンジで3〜4分加熱する。レンジから取り出し、よく混ぜ合わせる。水気が多い場合は水気を切る。

STEP 成 2　ボウルにAを入れ、生地がまとまるまでしっかり混ぜる。バターを加えて生地になじむように加えて練り混ぜ、黒いりごまも加えて混ぜる。

STEP 成 3　2を4等分にし、生地を伸ばして1を包むように成形し、縦10cm程度になるように整える。手に水をつけて生地の表面をなでるようにしてつるつるにする。

STEP 焼 4　190℃のオーブンで25分焼く。

成形するのはラップの上が◎

クリームチーズはお好きなチーズに変えてもOK！

★ 材料（4個分）

A	米粉	70g	**A**	トマトジュース	50g
	砂糖	7g		オリーブオイル	6g
	オオバコ	5g		クリームチーズ	40g
	ベーキングパウダー	3g		ドライバジル	適量
	塩	1g		ピザ用チーズ	適量
	卵（M）	1個			

準備

・卵を溶いておく
・天板にオーブン用シートを敷く
・オーブンは190℃に予熱する
・クリームチーズは10gずつに分ける

STEP 混 1 ボウルにAを入れ、生地がまとまるまでしっかり混ぜる。

STEP 成 2 生地を4等分にし、クリームチーズを包み丸める。手に水をつけて生地の表面をなでるようにしてつるつるにする。

STEP 焼 3 2に十字の切り込みを入れ、ピザ用チーズを乗せてドライバジルを振り、190℃のオーブンで15分焼く。

オーブン **米粉のトマトバジルチーズパン**

チーズ好きにはたまらない
Wチーズの魅力

カリッとふわふわもちもちの
楽しい食感

オーブン　米粉のホワイトタイガーブレッド

～～～～～～～～～～～～～～～～～～～～～～～～～～～～～

P80のアレンジもおすすめ！　お好みの材料をプラスしてみたり、サンドして♪

～～～～～～～～～～～～～～～～～～～～～～～～～～～～～

★ 材料（4個分）

生地

A
[
米粉 ……………………… 100g
アーモンドパウダー …… 20g
オオバコ ………………… 6g
ベーキングパウダー …… 4g
砂糖 ……………………… 25g
塩 ………………………… 1g
片栗粉 …………………… 15g
卵（M） ………………… 1個
水 ………………………… 80g
米油 ……………………… 5g
]

皮生地

B
[
米粉 ……………………… 40g
砂糖 ……………………… 10g
塩 ………………………… 少々
水 ………………………… 30g
ベーキングパウダー …… 1g
米油 ……………………… 5g
]

準備

・卵を溶いておく
・天板にオーブン用シートを敷く
・オーブンは200℃に予熱する

STEP 混

1 ボウルにそれぞれ生地A、皮生地Bを入れ、生地がまとまるまでしっかり混ぜる。

STEP 成

2 1をそれぞれ4等分にしたら、生地Aの上に皮生地Bを覆うように厚めにしっかりとかぶせる。手に水をつけて生地の表面をなでるようにしてつるつるにする。

STEP 焼

3 200℃のオーブンで20分焼く。

包んで、
挟んで楽しむ♪

ホワイトタイガーブレッド アレンジ

スライスしてお好きな具材を挟んでも美味しいので、アレンジ無限♪

★ 材料（4個分）

生地

A	米粉	100g
	アーモンドパウダー	20g
	オオバコ	6g
	ベーキングパウダー	4g
	砂糖	25g
	塩	1g
	片栗粉	15g
	卵（M）	1個
	水	80g
	米油	5g

皮生地

B	米粉	40g
	砂糖	10g
	塩	少々
	水	30g
	ベーキングパウダー	1g
	米油	5g
C	クリームチーズ	40g
	ピザ用チーズ	20g
粗びき黒胡椒		少々

準備

- 天板にオーブン用シートを敷く
- オーブンは200℃に予熱する

 **STEP 混** **1** ボウルにそれぞれ生地A、皮生地Bを入れ、生地がまとまるまでしっかり混ぜる。

 STEP 成 **2** 生地AとBをそれぞれ4等分にしたら、Cもそれぞれ4等分し、生地Aで包んで粗びき黒胡椒を振り丸める。

 STEP 成 **3** 生地Aの上に皮生地Bを覆うように厚めにしっかりとかぶせる。手に水をつけて生地の表面をなでるようにしてつるつるにする。

 STEP 焼 **4** 200℃のオーブンで20分焼く。

小さめサイズでおやつにもおすすめ♪

★ 材料（4個分）

A			A		
米粉	60g		卵（M）	1個
純ココアパウダー	10g		オレンジジュース	50g
砂糖	15g	B	オレンジピール	10g
オオバコ	5g		ラム酒	3g
ベーキングパウダー	3g		チョコチップ	7g
塩	1g			

準 備
・天板にオーブン用シートを敷く
・オーブンは180℃に予熱する
・オレンジピールは細かく切りラム酒と合わせる

 STEP 混

1 ボウルにAを入れ、生地がまとまるまでしっかり混ぜる。混ざったらBも加えて混ぜ、チョコチップを加えてざっと混ぜる。

 STEP 成

2 2を4等分にして丸めたら、軽く切り込みを2カ所入れ、天板に並べる。

 STEP 焼

3 180℃のオーブンで15分焼く。

オーブン 米粉のオランジュショコラパン

シェアして食べて

オーブン 米粉のプルコギベイク

ボリューム満点で食べ応えバッチリなので、ランチにもピッタリ♪

★ 材料

プルコギ

牛薄切り肉	80g	(小さめに切る)
片栗粉	小さじ1	
ニラ	10g (2cm幅に切る)	

A	玉ねぎ	50g	(薄切り)
	にんじん	20g	(細切り)
	醤油	小さじ1	
	砂糖	小さじ1	
	酒	小さじ1	
	コチュジャン	小さじ1	
	ごま油	小さじ1	
	ニンニクチューブ	2cm	
	生姜チューブ	2cm	

白いりごま …… 適量

パン生地

B	米粉	80g
	ベーキングパウダー	3g
	オオバコ	5g
	塩	1g
	砂糖	10g
	片栗粉	20g
	卵（M）	1個
	無調整豆乳	30g
	プレーンヨーグルト（無糖）	40g
	米油	10g

チェダーチーズ …………… 1枚
（5mm幅に切る）

ピザ用チーズ …………… 適量

準備
- 天板にオーブン用シートを敷く
- オーブンは190℃に予熱する

STEP 混 1 耐熱容器で牛肉と片栗粉を合わせ混ぜ、さらにAを入れてよく混ぜる。ふんわりラップをして600Wのレンジで3分加熱し、取り出したら、ニラを加えて再び600Wのレンジで1分加熱する。白いりごまを少量加えよく混ぜる。

STEP 混 2 ボウルにBを入れ、生地がまとまるまでしっかり混ぜる。

STEP 成 3 ラップの上に生地を乗せ、横20cm×縦17cmに伸ばす。1を乗せて、ピザ用チーズを乗せる。ラップを持ち上げるようにして生地を持ち上げ、生地を密着させて左右もしっかり閉じる。

STEP 焼 4 閉じ目を下にし、手に水をつけて生地の表面をなでるようにしてつるつるにする。その上にチェダーチーズをクロスするように乗せて、予熱完了した190℃のオーブンで25分焼く。

 ▶

100円均一の
パウンド型で作る

オーブン **米粉アップルパン**

お好みでアイシングをかけても♪　（アイシングをする場合：粉糖30g×水5gを溶かし混ぜて）

★ 材料　　*100均の17cmパウンド型使用

パン生地

	米粉	150g
	ベーキングパウダー	6g
	オオバコ	10g
	塩	1g
A	砂糖	25g
	スキムミルク	15g
	卵（M）	1個
	無調整豆乳	50g
	水＋りんごの煮汁	50g
無塩バター		40g
艶出し用の卵		適量

フィリング

	りんご … 小さめサイズ1個	
		（200g）
B	（5mm幅程度のいちょう切りにする）	
	砂糖	35g
	レモン汁	小さじ1

準備

・パウンド型にオーブン用シートをセットする
・オーブンは170℃に予熱する
・バターは少し柔らかいくらいにする
・耐熱容器にBを入れて混ぜ、ラップなしで600Wのレンジで4分加熱して冷ます。煮汁と果肉に分けて、煮汁は水と合わせて50gにする

生地はラップの上で成形

STEP 混

1 ボウルにAを入れ、生地がまとまるまでしっかり混ぜる。混ざったらバターを加え生地がまとまるまでしっかり混ぜる。

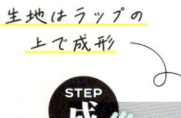
**STEP 成**

2 生地を17cm×17cmに伸ばし、りんご果肉を乗せて手前からくるくる巻く。巻き終わりをしっかり閉じて左右もしっかり閉じる。

STEP 成

3 手に水をつけて生地の表面をなでるようにしてつるつるにしたら、3等分にカットする。カットした面を上に向けてパウンド型に並べ、お好みで艶出し用の卵を塗る。

**STEP 焼**

4 予熱完了した170℃のオーブンで40〜45分焼く。

100円均一の
パウンド型で作る

オーブン **米粉のレーズン食パン**

スライスしたパンをトースターで焼いて、バターを染み込ませたら至高の味わい♪

★ 材料

A				
米粉	150g	無塩バター	40g	
ベーキングパウダー	6g	ドライレーズン	50g	
オオバコ	10g	（オイルコーティングされてないサルタナレーズンがおすすめ）		
塩	1g			
砂糖	25g	グラニュー糖	適量	
スキムミルク	15g	艶出し用の卵	適量	
卵（M）	1個			
水	50g			
無調整豆乳	50g			

準備
・17cmパウンド型にオーブン用シートをセットする
・オーブンは170℃に予熱する
・バターは少し柔らかいくらいにする

STEP 混 1　ボウルにAを入れ、生地がまとまるまでしっかり混ぜる。混ざったら、バターも加え全体になじむまでしっかり混ぜる。

STEP 成 2　1を17cm×17cmに伸ばしグラニュー糖を軽く振る。ドライレーズンを全体に散らして手前からくるくると巻き、巻き終わりを密着させる。

ラップの上で成形！

STEP 成 3　手に水をつけて生地の表面をなでるようにしてつるつるにする。3等分に切りパウンド型にカットした面を側面に向けて並べる。お好みで艶出し用の卵を塗り、グラニュー糖を振る。

STEP 焼 4　予熱完了した170℃のオーブンで40〜45分焼く。

＊オイルコーティングされているレーズンを使う場合は、レーズンに熱湯を回しかけて30秒ほど浸し、しっかり湯切りしてキッチンペーパーなどで水分を切っておく。

チーズの香りと
枝豆の食感が最高すぎる！

米粉の枝豆チーズパン

焼きたてのチーズがとろーり溶けてる間に召し上がれ♪

★ 材料（4個分）

A		
米粉	80g
ベーキングパウダー	3g
オオバコ	5g
塩	1g
砂糖	10g
卵（M）	1個
無調整豆乳	35g
プレーンヨーグルト（無糖）	40g

冷凍むき枝豆
.... 30g（練り込み用）

無塩バター 10g

B
冷凍むき枝豆 20g
ピザ用チーズ 20g

粗びき黒胡椒 .... 適量
粉チーズ .... 適量
マヨネーズ .... 適量

準備
・天板にオーブン用シートを敷く
・オーブンは200℃で予熱する
・枝豆は解凍したら水分をしっかり取っておく。生地に練り込むほうは食感が残る程度に刻む

 **1** ボウルにAを入れ、生地がまとまるまでしっかり混ぜる。混ざったらバターを合わせ、生地全体になじむように混ぜ、さらに解凍した枝豆も加えてざっと混ぜ、4等分にする。

2 1にBを乗せて包み丸める。手に水をつけて生地の表面をつるつるにする。

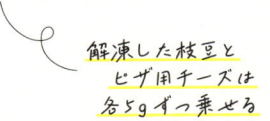
解凍した枝豆とピザ用チーズは各5gずつ乗せる

3 十字に切り込みを入れて、マヨネーズを絞り、粗びき黒胡椒、粉チーズを振り、予熱完了した200℃のオーブンで20〜22分焼く。

お好みの具材に
アレンジしてもOK!

オーブン 米粉のカルツォーネ

朝食、ランチ、おやつなどいろんなシーンでも大活躍！

★ 材料（4個分）

A	米粉	100g
	スキムミルク	10g
	ベーキングパウダー	5g
	オオバコ	5g
	砂糖	20g
	塩	1g
	水	100g

	オリーブオイル	10g
B	ピザソース	適量
	ピザ用チーズ	適量
	ハーフベーコン	適量
	ドライパセリ	適量

準備
・天板にオーブン用シートを敷く
・オーブンは190℃に予熱する
・ハーフベーコンは1cm幅に切る

STEP 混

1 ボウルにAを入れ、生地がまとまるまでしっかり混ぜる。混ざったらオリーブオイルを加えて生地がまとまるまで混ぜる。

ラップの上で成形すると◎

STEP 成

2 1を4等分にし、縦9cm、横12cmに薄く伸ばす。その上にBを乗せる。

閉じ目に数カ所切り込みを入れて、おしゃれに♪

STEP 成

3 2の長辺をくっつけるようにして包み、生地の端をしっかり密着させる。手に水をつけて生地の表面をなでるようにしてつるつるにする。

STEP 焼

4 予熱完了した190℃のオーブンで22〜25分焼く。仕上げにドライパセリを振る。

噛めば噛むほど
甘味が出てくる

オーブン 米粉の塩バターくるみぱん

くるみのザクザク感とパンのふわもち食感がたまりません♪

★ 材料（4個分）

A				
米粉	80g	素焼きくるみ	30g	
ベーキングパウダー	3g	無塩バター	10g	
オオバコ	5g	溶かしバター	10g	
塩	1g	岩塩	適量	
砂糖	10g	トッピング用のくるみ	4個	
卵（M）	1個			
無調整豆乳	35g			
プレーンヨーグルト（無糖）	40g			

準備
・くるみは粗めに刻む
・天板にオーブン用シートを敷く
・オーブンは190℃に予熱する

STEP 混

1 ボウルにAを入れ、生地がまとまるまでしっかり混ぜる。しっかり混ざったら無塩バターも加え、生地全体になじむように混ぜる。素焼きくるみを加えて、ざっと混ぜる

STEP 成

2 1を4等分にし、直径7cmを目安に平たく伸ばす。5カ所に切り込みを入れて花のように成形し、真ん中にトッピング用のくるみを乗せる。

STEP 焼

3 溶かしバターを表面全体に塗り岩塩を振り、予熱完了した190℃のオーブンで20分焼く。

噛んだときの
カリッと食感がたまらなく美味しい

オーブン **米粉のフーガス**

粗びき胡椒のピリッと感が、お酒のおつまみにもぴったり♡

★ 材料（2枚分）

A				
米粉	80g	オリーブオイル	適量	
砂糖	10g	粉チーズ	適量	
塩	1g	粗びき黒こしょう	適量	
オオバコ	5g			
ベーキングパウダー	4g			
スキムミルク	10g			
アーモンドパウダー	20g			
片栗粉	12g			
オリーブオイル	12g			
水	100g			

準備
・天板にオーブン用シートを敷いておく
・オーブンは220℃に予熱する

オーブン用シートの上で成形すると、そのまま運べて形が崩れにくい！

STEP 混

1 ボウルにAを入れ、生地がまとまるまでしっかり混ぜる。

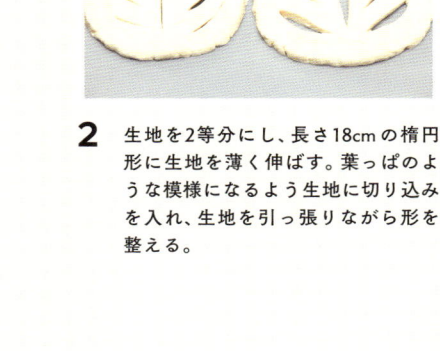

STEP 成

2 生地を2等分にし、長さ18cmの楕円形に生地を薄く伸ばす。葉っぱのような模様になるよう生地に切り込みを入れ、生地を引っ張りながら形を整える。

STEP 焼

3 オリーブオイルをハケで塗り、粉チーズ、粗びき黒胡椒を全体に振る。オーブン用シートごと天板に乗せ、予熱完了した220℃のオーブンで17〜20分焼く。

オーブン 米粉のアスパラベーコン

アスパラガスの風味とベーコンの旨味が最高すぎる組み合わせです！

★ 材料（4個分）

A
米粉	80g
ベーキングパウダー	3g
オオバコ	5g
塩	1g
砂糖	10g
片栗粉	10g
卵（M）	1個
無調整豆乳	30g
プレーンヨーグルト（無糖）	40g
米油	10g

ハーフベーコン	4枚
アスパラガス	2〜4本
マヨネーズ	適量
粗びき黒胡椒	適量
粉チーズ	適量

準 備

・天板にオーブン用シート
を敷く
・オーブンは200℃に予熱
する
・アスパラガスは固い根
元を切り皮をむく
・アスパラガスにハーフ
ベーコンを巻く

ラップの上で
成形すると◎

STEP 混

1 ボウルにAを入れ、生地がまとまるま
でしっかり混ぜる。

STEP 成

2 生地を長さ10cmの楕円形に平たく
伸ばしアスパラベーコンを乗せる。

STEP 成

3 生地の長辺を持ち上げるようにして、
アスパラベーコンと密着させて成形
する。手に水をつけて生地の表面を
なでるようにしてつるつるにする。

STEP 焼

4 マヨネーズを絞り、粗びき
黒胡椒、粉チーズを振り、
予熱完了した200℃のオー
ブンで20分焼く。

オーブン 米粉の大きなりんごカスタードパン

大きいサイズなのでシェアして食べても楽しい時間に♪

★ 材料

A		
米粉		100g
アーモンドパウダー		20g
砂糖		25g
塩		1g
オオバコ		6g
ベーキングパウダー		5g
卵（M）		1個
りんごの煮汁と水		合わせて60g
無塩バター		20g

りんごフィリング

B		
りんご		小さめサイズ200g
	（5mm幅程度のいちょう切り）	
砂糖		30g
レモン汁		小さじ1

カスタード

クリームチーズ		30g
無調整豆乳		70g
C	米粉	8g
	砂糖	10g
バニラエッセンス		3滴

準 備

・耐熱容器にBを入れ混ぜ、600Wのレンジで4分加熱（ラップ不要）。冷ましたら果肉と煮汁に分け、煮汁は水と合わせて60gにする
・オーブンは190℃に予熱する
・クリームチーズは室温に戻す
・無調整豆乳は耐熱容器に入れて、500Wのレンジで20秒ほど加熱し、人肌程度に温めておく

STEP 混 **1** 耐熱容器にクリームチーズを入れ、なめらかになるまで練り潰したら、無調整豆乳を少しずつ加えて泡立て器でしっかり混ぜる。Cを加えて混ぜたら500Wのレンジで1分加熱し、バニラエッセンスを加えてなめらかになるまで混ぜる。ラップを密着させ粗熱が取れたら冷蔵庫で冷やす。

まずは、カスタードを作ります！

STEP 成 **2** ボウルにAを入れ、生地がまとまるまでしっかり混ぜる。混ざったら、バターを加えて全体になじむようにしっかり混ぜる。

ラップの上で成形すると◎

STEP 成

15cm
24cm

横に切り込みを数カ所入れて！

3 生地を横24cm、縦15cmに伸ばし片側半分に1のカスタードを塗り広げ、りんごの果肉を乗せる。フィリングが乗ってないほうの生地を持ち上げ、半分に折りたたみ、生地の縁を指で押さえてしっかり密着させる。艶出しの卵を塗る（分量外）。

STEP 焼 **4** 予熱完了した190℃のオーブンで25〜30分焼く。

切り込みを深く入れすぎると崩れやすいので注意！

★ 材料

A	米粉 …………………… 150g	
	ベーキングパウダー …… 6g	
	オオバコ ……………… 10g	
	塩 ……………………… 2g	
	砂糖 …………………… 25g	
	スキムミルク ………… 15g	
	水 ……………………… 60g	

A	卵（M）……………… 1個
	無調整豆乳 …………… 40g
	米油 …………………… 17g

ひとくちモッツァレラチーズ
…………………… 適量
ピザ用チーズ …………… 適量
メープルシロップ ………… 適量

準備
・天板にオーブン用シート
　を敷く
・オーブンは170℃に予熱
　する

STEP 混

1 ボウルにAを入れ、生地がまとまるまでしっかり混ぜる。

STEP 成

2 生地を直径12cmほどのドーム型にして形を整え、手に水をつけて生地の表面をつるつるにする。切り込みを数カ所入れたら天板に乗せ、170℃のオーブンで40分焼く。

STEP 焼

食べる直前に
メープルシロップを
かけてね！

3 焼けたら格子状に切り込みを入れ、切り込みにひとくちモッツァレラチーズを挟み、ピザ用チーズを乗せて230℃に上げたオーブンで8分ほど焼く。

オーブン 米粉のウインナーロールパン

小さめサイズなので、どんなシーンでも大活躍！

★ 材料（4個分）

A			A			準備
	米粉	80g		プレーンヨーグルト（無糖）		・卵を溶いておく
	ベーキングパウダー	3g			40g	・天板にオーブン用シート
	オオバコ	5g		米油	10g	を敷く
	塩	1g		ウインナー	4本	・オーブンは190℃に予熱
	砂糖	10g		マヨネーズ	適量	する
	片栗粉	10g		ケチャップ	適量	
	卵（M）	1個		ドライパセリ	適量	
	無調整豆乳	30g				

STEP 混

1 ボウルにAを入れ、生地がまとまるまでしっかり混ぜる。

ラップの上で
成形すると◎

STEP 成

2 1を4等分にし、縦はウインナーの長さに合わせ、横は10〜12cm程度に伸ばす。その上にウインナーを置き、くるくる巻き、巻き終わりをしっかり密着させる。

STEP 焼

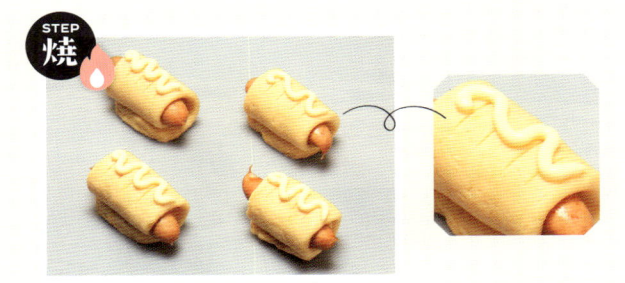

3 表面に数カ所切り込みを入れ、マヨネーズを絞る。天板に並べて予熱完了した190℃のオーブンで23分焼く。焼けたらケチャップを絞り、ドライパセリを振る。

オーブン

米粉のショコラパヴェ

バターは柔らかくしすぎずに加えて、しっかり全体に練り混ぜましょう。

★ 材料（8個分）

A			A		
米粉	110g		砂糖	25g	
純ココアパウダー	15g		スキムミルク	15g	
アーモンドパウダー	30g		卵（M）	1個	
オオバコ	8g		水	75g	
ベーキングパウダー	7g		無塩バター	20g	
塩	1g		チョコチップ	40g	

準備
・卵を溶いておく
・天板にオーブン用シートを敷く
・オーブンは200℃に予熱する

STEP 混

1 ボウルにAを入れ、生地がまとまるまでしっかり混ぜる。混ざったらバターを加えて生地全体になじむよう混ぜる。

ラップの上で
成形すると◎

15cm　25cm

STEP 成

2 1を縦15cm、横25cmに伸ばし、生地の3分の2にチョコチップを広げる。

STEP 成

3 生地の左から真ん中に3分の1折りたたみ、同じように右から真ん中に向かって三分の一折りたたんで三つ折りにする。

STEP 焼

4 手に水をつけて生地の表面をなでるようにしてつるつるにする。横半分に切り、縦に4等分に切ったら、表面に豆乳（分量外）をハケで塗る。天板に並べ、予熱完了した200℃のオーブンで15分焼く。

オクッと軽い食感で、
おやつにぴったり♪

オーブン 米粉のロングショコラ

思い立ったらすぐに作れるお手軽さが嬉しい♡

★ 材料（8本分）

A	米粉	55g
	純ココアパウダー	4g
	オオバコ	2g
	ベーキングパウダー	2g
	アーモンドパウダー	30g
	水	80g

無塩バター	10g
チョコチップ	20g
溶かしバター	10g
グラニュー糖	適量

準備
・天板にオーブン用シート
　を敷く
・オーブンは210℃に予熱
　する

 STEP 混 **1** ボウルにAを入れ、生地がまとまるまでしっかり混ぜる。混ざったらバターを加えてしっかり混ぜ、チョコチップを合わせてさらに混ぜる。

 STEP 成 **2** 1を8等分にし、コロコロ転がして細長い16cmほどに伸ばす。

 STEP 成 **3** 天板に並べたら溶かしバターを全体に塗り、グラニュー糖を振る。

 STEP 焼 **4** 210℃のオーブンで15〜20分焼く。

ほんのり甘くてミルキーなやさしい味わいです♪

★ 材料（6個分）

A			A		
米粉	130g		卵（M）	1個	
アーモンドパウダー	30g		水	70g	
オオバコ	8g		無塩バター		
ベーキングパウダー	7g			20g（工程1用）	
塩	2g		無塩バター		
砂糖	25g			18g（工程2用）	
スキムミルク	15g				

準備
・卵を溶いておく
・天板にオーブン用シートを敷く
・オーブンは190℃に予熱する
・生地に包むバターは3gずつに分ける

STEP 混 1 ボウルにAを入れ、生地がまとまるまでしっかり混ぜる。混ざったらバターを加えて、生地全体になじむように混ぜ合わせる。

STEP 成 2 1を6等分にしたら、生地を横4cm、縦15cmに伸ばし、生地の3分の2のところまで1cm幅に切り込みを入れる。切り込みのない手前側にバターを乗せて、くるくると巻き、巻き終わりを密着させる。

STEP 焼 3 2を天板に並べ、生地の表面に豆乳（分量外）を塗る。予熱完了した190℃のオーブンで20分焼く。

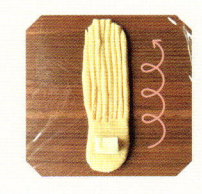

オーブン 米粉のウールロールパン

毛糸みたいな見た目が可愛い

オーブン 米粉で照り焼きチキンピザ

ランチにもぴったりな大人も子どもも大好きな鉄板の味！

★ 材料（2人分）

ピザ生地		
A	米粉	100g
	ベーキングパウダー	5g
	オオバコ	5g
	塩	少々
	プレーンヨーグルト（無糖）	70g
	絹ごし豆腐	70g
	本みりん	大さじ1
	砂糖	3g
	オリーブオイル	小さじ1

トッピング		
鶏もも肉		1/2枚150g
		（小さめの一口大）
片栗粉		小さじ2
玉ねぎ		80g（薄切り）
塩、胡椒		各少々
B	醤油	小さじ2
	本みりん	小さじ2
	酒	小さじ2
	砂糖	小さじ2

サラダ油	適量
マヨネーズ	適量
刻みのり	適量
小ネギ	適量（小口切り）
コーン	50g
ピザ用チーズ	30g

準備

- 鶏肉に片栗粉をまぶす
- 生地の本みりんは少し深めの耐熱容器に入れて、600Wのレンジでラップなしで40〜50秒加熱する
- 天板にオーブン用シートを敷く
- オーブンは200℃に予熱する

STEP 混

1 フライパンにサラダ油をひき中火にかけ、玉ねぎ、片栗粉をまぶした鶏肉を入れて塩と胡椒を振る。鶏肉に火が通るまで炒め、Bを合わせて煮詰める。

STEP 成

2 ボウルにAを入れ、生地がまとまるまでしっかり混ぜる。オーブン用シートの上に生地を乗せて、直径20cmほどに伸ばす。

STEP 焼

3 2に1を乗せて、その上にマヨネーズ、コーン、ピザ用チーズを乗せて予熱完了した200℃のオーブンで15〜20分焼く。焼き上がったら刻みのり、小ネギを散らす。

簡単すぎる
手作り生地でもっちもち

米粉でマルゲリータピザ

～～～～～～～～～～～～～～～～～～～～～～～～～～～～～～～～

不動の人気のマルゲリータ！　もう一品欲しいときにも◎

～～～～～～～～～～～～～～～～～～～～～～～～～～～～～～～～

★ 材料（2人分）

ピザ生地

A
- 米粉 ……………………… 100g
- ベーキングパウダー …… 5g
- オオバコ ………………… 5g
- 塩 ………………………… 少々
- プレーンヨーグルト（無糖）
  ……………………………… 70g
- 絹ごし豆腐 ……………… 70g
- 本みりん ………… 大さじ1
- 砂糖 ……………………… 3g
- オリーブオイル … 小さじ1

トマトソース

玉ねぎ ……… 50g（みじん切り）

B
- ニンニクチューブ …… 2cm
- カットトマト缶
  ………………… 1/2缶（200g）
- 砂糖 …………………… 小さじ1

オリーブオイル ………… 小さじ1
塩、胡椒 …………………… 各適量
モッツァレラチーズ ………… 80g
バジルの葉 ………………… 2〜3枚

準備
- 生地の本みりんは少し深めの耐熱容器に入れ、600Wのレンジで40〜50秒加熱する
- 天板にオーブン用シートを敷く
- オーブンは200℃に予熱する

STEP 混

1 フライパンにオリーブオイルをひき、中火にかけ玉ねぎを炒める。玉ねぎがしんなりしてきたらBを加えて、塩と胡椒で味を調える。焦げないように混ぜ続け、煮詰まってきたら火を止め粗熱を取る。

STEP 成

2 ボウルにAを入れ、生地がまとまるまでしっかり混ぜる。オーブン用シートの上に生地を乗せて、直径20cmほどに伸ばす。

STEP 焼

3 2に1のソースを塗り広げ、手でちぎったモッツァレラチーズを乗せる。予熱完了した200℃のオーブンで15〜20分焼く。焼き上がったらバジルの葉を乗せる。

お店の味がおうちで
お手軽に作れ〜ちゃう♪

米粉のシナモンロール

シナモンを振ったあとに、お好みでチョコチップを加えてアレンジしても◎

★ 材料（4個分）

A	米粉	100g
	アーモンドパウダー	20g
	オオバコ	6g
	ベーキングパウダー	4g
	砂糖	25g
	塩	1g

A	片栗粉	15g
	水	80g
	卵（M）	1個
無塩バター		10g
シナモンシュガー		適量
溶かしバター		10g

準備
・卵を溶いておく
・天板にオーブン用シートを敷く
・オーブンは190℃に予熱する

 STEP 混 **1** ボウルにAを入れ、生地がまとまるまでしっかり混ぜる。混ざったらバターを合わせて、生地全体になじむようにしっかり混ぜる。

 STEP 成 **2** 1を4等分にし、それぞれ15cmの長さに平たく伸ばす。シナモンシュガーを振ってくるくる巻く。巻終わりはしっかり密着させて、手で軽く押さえて形を整える。

ラップの上で成形

この時
直径6cm、厚さ2〜3cm
くらいになると◎

 STEP 焼 **3** 手に水をつけて生地の表面をなでるようにしてつるつるにする。2を天板に並べ、溶かしバターを表面に塗り、シナモンシュガーを振る。190℃のオーブンで23分焼く。

ふんわりした食感とほのかな甘さがクセになる！

★ 材料（4個分）

パン生地

A
米粉	75g
砂糖	20g
塩	1g
オオバコ	5g
ベーキングパウダー	3g
卵（M）	半量25g
水	65g
米油	5g

皮生地

B
米粉	20g
アーモンドパウダー	20g
ベーキングパウダー	1g
砂糖	15g
卵（M）	半量25g
米油	5g

グラニュー糖 …………… 適量

準備
・天板にオーブン用シートを敷く
・オーブンは200℃に予熱する
・卵は溶いて、半分ずつに分ける（25gずつにして、パン生地と皮生地それぞれに使う）

STEP 混 1 ボウルにA、Bそれぞれを入れて、生地がまとまるまで混ぜる。

STEP 成 2 1をそれぞれ4等分にしたら、Aのパン生地を丸く成形し、Bの生地をかぶせるように乗せて形を整える。手に水をつけて生地の表面をなでるようにしてつるつるにする。

Aのパン生地から
Bの皮生地が少しはみ出る
ようにすると◎

STEP 焼 4 3にグラニュー糖を気持ち多めに振り、天板に並べて予熱完了した200℃のオーブンで18分焼く。

オーブン 米粉のスイートブール

外側とのカリッと
内側のふわっがたまらない♡

3章

罪悪感なしの
ギルトフリーな
米粉スイーツ

Rice Flour Sweets

サクサク食感が止まらない美味しさ

★ 材料（10個分）

A			
米粉	70g	卵（M）	1個
アーモンドパウダー	40g	無塩バター	20g
ベーキングパウダー	2g	グラニュー糖	適量
砂糖	30g		

準備
・バターは冷えたものを
　小さめに切っておく
　（室温に戻さない）
・オーブンは190℃に予熱
　する

STEP 混 1 Aを合わせたら卵を溶いて加え、バターを練り込むようにし、生地全体になじむまでしっかり混ぜる。

STEP 成 2 10個に分けて丸め（1個約20g）カードなどで格子柄に模様をつけたら生地の表面にグラニュー糖を振る。

STEP 焼 3 天板に並べ、190℃のオーブンで15分焼く。

人参嫌いの
お子様でも食べやすい！

オーブン **米粉のキャロットケーキ**

焼き立てを食べてもおいしですが、ラップに包み冷蔵庫で一晩寝かせると
味がなじんでさらに美味しくなります♪

★ 材料（15cm丸型1台分）

にんじん ……………… 1本（130g）

A
- 砂糖 ……………… 60g〜70g
- 塩 ……………………… 少々
- 米油 ……………… 大さじ2
- プレーンヨーグルト（無糖）
  …………………………… 50g

卵（M）…………………… 2個

B
- 米粉 …………………… 130g
- ベーキングパウダー …… 4g

ドライレーズン ……… 15〜20g
（オイルコーティングされてない
サルタナレーズンがおすすめ）

チーズクリーム

クリームチーズ ……………… 30g
メープルシロップ ……… 小さじ1
牛乳 ………………………… 小さじ1

（チーズクリームは食べる直前に作る）

準 備
- 型の底面と側面にクッキ
  ングシートを敷く
- にんじんは皮をむき、す
  りおろす
- オーブンは180℃に予熱
  する

STEP 混 1 ボウルに卵を割り入れて溶きほ
ぐし、Aを加えてしっかり混ぜ
たらにんじんも加え、Bを加え
てさらによく混ぜる。

STEP 成 2 型に1を流し入れ、縁にドライ
レーズンを散らしたら、型を軽
くトントンとテーブル上に打ち
付け空気を抜く。

STEP 焼 3 180℃のオーブンで30分焼き、
160℃に下げて10〜15分焼く。

4 クリームチーズは室温に戻して柔らかく
し、メープルシロップ、牛乳と合わせてよ
く混ぜる。

＊オイルコーティングされているレーズンを使う場合は、レーズンに熱湯を回しかけて30秒ほど浸し、
しっかり湯切りしてキッチンペーパーなどで水分を切っておく。

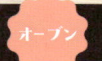 **米粉のショコラマドレーヌ**

～～～～～～～～～～～～～～～～～～～～～～～～～～

100円均一のマドレーヌ用シリコーン型で作れます♪

～～～～～～～～～～～～～～～～～～～～～～～～～～

★ 材料（6個分）

A
| 米粉 ……………………… 40g
| 純ココアパウダー ……… 10g
| ベーキングパウダー …… 2g

B
| 卵（M）………………… 1個
| 砂糖 …………………… 30g
| はちみつ ……………… 10g
| プレーンヨーグルト（無糖）
| ………………………… 40g

無塩バター ……………………… 30g

準 備
・オーブンは180℃に予熱
　する
・バターはレンジで30秒
　ほど温め完全に溶かし
　て、卵は溶いておく

STEP 混 **1** ボウルにBを入れて、よく混ぜる。さらにAを加えてよく混ぜたら、バターも加えて滑らかになるまで混ぜる。

STEP 成 **2** 1の生地をマドレーヌ型に均等に入れたら、底をトントンと打ち付けて空気を抜く。

STEP 焼 **3** 2を天板に乗せて180℃のオーブンで13〜15分焼く。

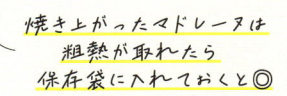
焼き上がったマドレーヌは
粗熱が取れたら
保存袋に入れておくと◎

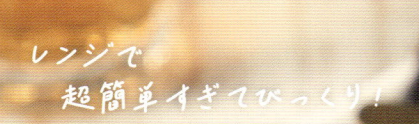

レンジ 甘酒の甘さが優しい 米粉のチーズケーキ

しっとり感がたまらない♡　しっかり冷やして召し上がれ！

★ 材料（4個分）

クリームチーズ	100g	米粉	15g

A
- ギリシャヨーグルト … 100g
  （パルテノプレーン無糖推奨）
- 糀甘酒 …………………… 30g
- 卵（M） ………………… 1個
- メープルシロップ ……… 20g

レモン汁 …………… 小さじ1/2

準備

・540ml耐熱容器にクッキングシートをセットする
・クリームチーズは室温に戻すか、600Wのレンジで30秒ほど温めて柔らかくする

 STEP 混

1 ボウルに柔らかくしたクリームチーズを入れて、なめらかになるまで練り混ぜる。さらにAを加えてしっかり混ぜる。

 STEP 混

2 1に米粉とレモン汁も加えて、泡立て器でなめらかになるまでしっかり混ぜる。

 STEP 成

3 耐熱容器に2を流し入れて底をトントンとテーブル上に打ち付け空気を抜く。

 STEP 焼

4 ラップなしで600Wのレンジで3分30秒〜4分加熱する。容器から取り出して粗熱を取り、ラップに包んで冷蔵庫でしっかり冷やす。

過熱後に中央がトロトロしていたら、余熱で固めましょう。

レンジ レンジで簡単 米粉のブラウニー

～～～～～～～～～～～～～～～～～～～～～～～～～～～～～～～～～～～

出来立てでも、少し冷やしてからでも2パターンを楽しめます♪

～～～～～～～～～～～～～～～～～～～～～～～～～～～～～～～～～～～

★ 材料（4個分）

無塩バター	………………	20g
砂糖	………………………	30g
卵（M）	…………………	1個
ギリシャヨーグルト	………	100g

（パルテノプレーン無糖推奨）

ラム酒	……	小さじ1/2（お好みで）	
A	米粉	………………	30g
	純ココアパウダー	……	10g
	ベーキングパウダー	……	1g
素焼きくるみ	…………	15～20g	

準備

・540ml耐熱容器にクッキングシートをセットする
・くるみは刻む
・バターを耐熱容器に入れて、600Wのレンジで30～40秒温めて完全に溶かす

 STEP 混 **1** 溶かした無塩バターに砂糖を加えて混ぜ、溶いた卵も加えてさらによく混ぜる。さらにギリシャヨーグルトと、ラム酒を加えてしっかり混ぜる。さらにAを合わせしっかりと混ぜ合わせ刻んだくるみも加えて、ざっと混ぜる。

 STEP 成 **2** 耐熱容器に1を流し入れて、底をトントンと打ち付け空気を抜く。

 STEP 焼 **3** ラップなしで600Wのレンジで3分加熱する。容器から取り出して粗熱を取る。

冷蔵庫で冷やしてから
食べる場合は、
必ずラップに包んでね！

おわりに

日頃より温かく見守ってくださる皆様へ。

まず最初に、心から感謝の気持ちをお伝えさせてください。
私をフォローしてくださり、
日々応援してくださっていることに
本当に感謝しています。

今でもこうして楽しくレシピ発信することができているのは、
SNSを通じて皆様とつながっていることに
大きな喜びを感じているからです。

米粉に出会い、その美味しさや、使いやすさに魅了され、
今まで米粉を使ったパン作りやスイーツ作りに
没頭してきました。

その中でも
今回この本で紹介している米粉パンレシピは、

"美味しい" "簡単" "時短"

の3拍子揃ったレシピだけを盛り込んでいます。

気合を入れなくても、
日常の生活の中に溶け込むように作れる
そんな米粉パンレシピです。
この本が皆様のキッチンに常備していただけるように
なりますことを心から願っております。

最後になりますが、
これからも米粉パンやスイーツの発信も続けていきますので
今後ともどうぞよろしくお願いいたします。

AYA

〈制作スタッフ〉

撮　影　　飯島浩彦（MASH）
　　　　　川端健太（MASH）
スタイリング　田中真由美
校　正　　ぷれす
装丁/本文デザイン　八田さつき
編集長　　後藤憲司
担当編集　森 公子

2024年9月21日　　　初版第1刷発行

おうちパン屋さん開店！ **焼くまで5分の米粉パン**

著　者　　AYA

発行人　　諸田泰明
発　行　　株式会社エムディエヌコーポレーション
　　　　　〒101-0051　東京都千代田区神田神保町一丁目105番地
　　　　　https://books.MdN.co.jp/
発　売　　株式会社インプレス
　　　　　〒101-0051　東京都千代田区神田神保町一丁目105番地

印刷・製本　シナノ書籍印刷株式会社

Printed in Japan
©2024.AYA All rights reserved.

【カスタマーセンター】
造本には万全を期しておりますが、万一、落丁・乱丁などがございましたら、
送料小社負担にてお取り替えいたします。お手数ですが、カスタマーセンターまでご返送ください。
【落丁・乱丁本などのご返送先】
〒101-0051 東京都千代田区神田神保町一丁目105番地　　株式会社エムディエヌコーポレーション カスタマーセンター
TEL：03-4334-2915
【内容に関するお問い合わせ先】
info@MdN.co.jp
【書店・販売店のご注文受付】
株式会社インプレス 受注センター　　TEL：048-449-8040／FAX：048-449-8041

ISBN978-4-295-20679-8
C2077